ESCARGOT

Auteurs

SUH Duck-Yull

Professeur du département d'études françaises à l'Université Hanyang

Professeur de visite à l'Université de Montréal

Professeur invité par le gouvernement du Canada

RO Hee-Jin

Chargée de cours du département d'études françaises à l'Université Hanyang

Chargée de cours du département de français à l'Université Hankuk des études étrangères

Chargée de cours à l'Université des sciences et de la technologie de Séoul

지은이

서덕렬

한양대학교 불어불문학과를 졸업하고 프랑스 파리10대학에서 프랑스어 통사 · 의미론 전공으로 프랑스어학 석사와 박사학위를 받았다. 현재 한양대학교 프랑스학과 교수로 재직 중이며, 캐나다 몬트리올대학교 방문교수로 퀘벡 프랑스어를 연구했고, 캐나다 정부초청 교수로 퀘벡 문화정책에 대한 연구를 수행한 바 있다.

저서로 『기초실용프랑스어』, 『심화실용프랑스어』, *TEF(Test d'Évaluation de Français)* , *Cours de Langue et Culture Françaises* 1, 2, *Connaître la Culture Canadienne* 등이 있고, 논문으로 「캐나다 퀘벡 문화정책 : 역사적 변화와 문화적 쟁점」, 「캐나다 문화 통계학 : 문화적 성찰과 비평」, 「프랑스어의 지리적 변이 현상 」, 「사전의 실제에서 어휘적 변이」 등이 있다.

노희진

한양대학교 프랑스언어 · 문화학과를 졸업하고 한국외국어대학교 프랑스어과에서 석사, 프랑스 파리4대학에서 언어공학–자연언어 자동처리 전공으로 석사와 박사학위를 받았다. 2014년에 프랑스 국가공인 교수지원자격(CNU Qualification-section7)을 취득하고 2014-2018 한국연구재단 포스트닥터로 2회 선정되었다. 현재 한양대학교 프랑스학과, 한국외국어대학교 프랑스어학부, 서울과학기술대학교에 출강 중이다.

저서로 『캐나다 문학사–덤불정원의 앞과 뒤에서』, 『시간 지시좌표계에 적용된 프랑스어 시제의 형식적 · 도식적 표상』 이 있으며, 논문으로 *Integrated formalization for temporal referentialities*, *From aspect-temporal analysis of a natural language to logical modeling using combinatory logic* 등이 있다.

ESCARGOT

2nd published in October 5, 2023

By dongyangbooks

22-gil 14, Dongyang bldg., Donggyoro, Mapo-Gu, Seoul, Korea

Publisher Kim Tae-woong

Editor Kim hyun-ah

Design Moon-C design

Price 18,000

ISBN 979-11-5768-774-9 93760

www.dongyangbooks.com

ESCARGOT

SUH Duck-Yull
RO Hee-Jin

dongyangbooks

Cette méthode de français, destinée à des étudiants débutants et intermédiaires, a été préparée pour pouvoir être enseignée dans la langue cible. Pendant ce temps, de nombreuses méthodes de français ont été publiées en Corée, mais il n'y avait pratiquement pas de méthodes convenables aux cours donnés en français uniquement. Nous avons été donc motivés d'élaborer une méthode de français sous la version originale. Depuis plusieurs années, les cours du département des langues étrangères sont donnés de plus en plus par les langues correspondantes. Nous espérons que ce sera un bon point de départ pour élaborer de meilleures méthodes à l'avenir, bien qu'il y ait des lacunes en tant que manuel conçu conformément à cette tendance.

Ce manuel a été élaboré autour des points à la fois élémentaires et essentiels au niveau de la grammaire française. C'est donc une méthode adaptée aux cours du niveau débutant au niveau intermédiaire. Il se compose de 15 leçons, commençant par la pratique de la prononciation française qui est un cours préparatoire pour l'apprentissage du français. Les textes de chaque leçon pourraient donner un aperçu des aspects de la vie quotidienne et du comportement des Français. De plus, les apprenants pourront améliorer leur capacité à comprendre la structure de la phrase française en appliquant aux textes la connaissance grammaticale acquise.

Nous avons essayé de présenter, dans la mesure du possible, des exemples simples et clairs dans la section de la grammire pour favoriser la compréhension des apprenants. Les vocabulaires et les expressions présentés dans les textes sont illustrés avec des exemples simples pour faciliter la mémorisation des apprenants. Dans la section de la culture, les aspects uniques et symboliques de la France ont été présentés. Pour finir, les exercices de chaque leçon ont été donnés afin de mesurer la compréhension des apprenants. Nous nous sommes donc proposés de réorganiser les points clés que les apprenants ont acquis pendant les cours.

Grâce à une variété de supports contenant des éléments de la vie quotidienne française, des fêtes, du tourisme et des éléments culturels liés au contenu de chaque leçon, les apprenants seront susceptibles d'élargir leur compréhension de la langue et de la culture françaises tout en stimulant leur curiosité à l'égard de la France.

Nous tenons à exprimer notre profonde gratitude à la professeure Catherine Carlo qui nous a beaucoup aidés à réviser le manuscrit tout entier pour le rendre plus complet. Nous remercions également la professeure Rukiyé Akdag et le professeur Jérémie Eyssette d'avoir lu attentivement le manuscrit malgré leurs emplois du temps très chargés pendant le semestre.

L'importance de l'enseignement des langues étrangères est de plus en plus soulignée à l'époque où les échanges et la coopération entre les pays sont plus fréquents que jamais. Il semble donc que l'on doive réfléchir profondément sur une méthodologie plus systématique et efficace de l'enseignement des langues étrangères. En effet, des études régionales plus approfondies sont nécessaires pour parvenir à des échanges régionaux vraiment fructueux, et pour cela, il est urgent d'acquérir les connaissances de la langue et de la culture de l'autre pays.

Le statut de la langue française, qui joue un rôle très important en Europe, en Afrique et dans beaucoup de pays francophones, s'accroît de jour en jour sur le plateau mondial. Si l'on apprend le français de manière plus systématique, on pourra l'utiliser comme outil linguistique très utile. Enfin, nous espérons sincèrement que ce manuel pourra être un bon tremplin pour les apprenants du français.

본서는 프랑스어 원서 형식으로 구성된 대학 교양 프랑스어 교재입니다. 그동안 국내에서 수많은 프랑스어 교재들이 출판되어 나왔지만, 경우에 따라 프랑스어 전용 강의에 어울릴 만한 교재를 별로 찾아볼 수 없었기 때문에 프랑스어 원서 교재 개발의 동기가 되었습니다. 몇 년 전부터 외국어 학과의 강의가 외국어 전용으로 진행되고 있어 이러한 추세에 발맞추어 개발된 교재로서 미흡한 점들이 적지 않으나 앞으로 더욱 체계적이고, 프랑스 현지에서 출판된 교재들에 비해 조금도 손색없는 프랑스어 교재를 제작하는 데 일조할 수 있는 좋은 출발점이 될 수 있기를 바라는 마음입니다.

본 교재는 프랑스어 문법에서 가장 기본적이고 필수적인 부분들을 중심으로 구성되어 기초 단계에서 심화 단계로 이어지는 반드시 갖추어야 할 대학 제2외국어 교양과목 수준의 도서입니다. 프랑스어 학습 예비 과정인 프랑스어 발음 연습을 시작으로 총 15과로 구성되어 있으며 각 과는 본문, 문법, 어휘와 표현, 프랑스 문화, 연습문제 등 다섯 단계로 구성되어 있습니다. 본문은 주로 프랑스 인의 일상생활 단면과 행동 양식들을 엿볼 수 있는 쉽고 재미있는 텍스트를 만들어 보고자 노력하였고, 텍스트 읽기를 통해 학습한 문법 내용들을 적용하여 문장 구조를 파악할 수 있는 능력을 기르도록 하였습니다. 문법은 보다 쉽게 이해할 수 있도록 간단하고 명료한 예들을 제시하였으며 어휘와 표현들은 본문에 포함되어 있는 것들을 기억하기 쉽도록 일목요연하게 정리해 보았습니다. 문화에서는 프랑스의 독특하고 상징적인 모습을 엿볼 수 있는 내용으로 엮어 보았고, 연습문제에서는 각 과의 주요 문법 내용과 본문에서 다루었던 내용을 점검하면서 여러 유형의 문제를 통해 학습자의 이해도를 측정하고 앞서 학습했던 핵심적인 내용을 다시 정리해 볼 수 있는 기회를 갖도록 하였습니다.

아울러 각 과 본문의 내용과 관련된 프랑스 일상생활, 축제, 관광, 문화적 요소 등이 담긴 다양한 사진 자료들을 통해 학습자들이 프랑스 언어와 문화에 대한 이해의 폭을 넓힐 수 있도록 함과 동시에 학습자들의 호기심을 자극하면서 학습 동기를 유발할 수 있는 재미있고 쉬운 프랑스어 교양강의 교재가 되도록 최선의 노력을 기울였습니다.

본서가 더욱 완전해질 수 있도록 원고 수정 작업에 많은 도움을 주신 Catherine Carlo 교수님과 바쁜 학사 일정에도 마다하지 않고 원고를 세심하게 읽어주신 Rukiyé Akdag 선생님, 그리고 Jérémie Eyssette 선생님께도 깊은 감사의 뜻을 전합니다.

국가 간에 교류와 협력이 그 어느 때 보다 빈번해진 오늘날 외국어 교육의 중요성이 점차 부각되고 있는 만큼 보다 체계적이고 효과적인 교수법을 깊이 고민해 보아야 할 시점에 이른 것으로 보입니다. 진정으로 내실 있는 지역 교류를 이루기 위해서는 보다 심층적인 지역 연구가 필요하고 이를 위해서는 상대 국가 언어 습득이 절실히 필요하기 때문입니다. 유럽에서 선도적인 역할을 하고 있는 프랑스의 언어 위상이 국제사회에서 날로 높아짐에 따라 프랑스어를 보다 체계적으로 학습한다면 매우 유용한 언어 도구로 활용할 수 있을 것이며, 특히 국제무대에서 글로벌 인재로 성장해 나가는 데 적잖은 디딤돌이 되어줄 것으로 기대합니다.

TABLEAU DES CONTENUS

GRAMMAIRE	AIDE-MÉMOIRE	POINT CULTURE

LEÇON 6 / QUEL JOUR DU MOIS EST-CE AUJOURD'HUI ? (64)

GRAMMAIRE	AIDE-MÉMOIRE	POINT CULTURE
L'emploi des nombres ordinaux L'interrogatif *combien* Les verbes *commencer, finir*	Demander le jour du mois Demander le jour de la semaine *Il y a / Y a-t-il / Qu'est-ce qu'il y a ?* Les jours de la semaine Les mois de l'année Les nombres cardinaux Les nombres ordinaux	Les types d'hébergement

LEÇON 7 / IL FAIT TRÈS BEAU ! (74)

GRAMMAIRE	AIDE-MÉMOIRE	POINT CULTURE
Le pronom impersonnel *il* L'adjectif *beau* La place de l'adjectif Le comparatif Le superlatif	Le temps *vouloir* + inf. *avec plaisir (= volontiers)* Les saisons *Mais oui / Mais non* *bien sûr (= bien entendu)* *quelquefois (= parfois)* *n'est-ce pas ?*	La France, un pays plurilingue

LEÇON 8 / QUELLE HEURE EST-IL ? (84)

GRAMMAIRE	AIDE-MÉMOIRE	POINT CULTURE
Le verbe pronominal Le verbe *se laver* L'adverbe interrogatif *où* La phrase négative Les réponses à la question négative Le verbe *s'en aller*	*Quelle heure est-il ?* *C'est l'heure de* + inf. Les parties du corps *près de (≠ loin de)* *être prêt (e)(s)* *ne … que (= seulement)* *ne … ni … ni*	Le français dans le monde

LEÇON 9 / LA JOURNÉE DE MADAME LEBRUN (94)

GRAMMAIRE	AIDE-MÉMOIRE	POINT CULTURE
Les pronoms interrogatifs L'adjectif *tout* Le pronom *tout* Le futur simple	*ce (cet), cette, ces* *comme* *faire le ménage* *d'abord, ensuite* *aller à* *avoir le temps de* + inf. *ça (= cela)* *avant / après* *tous ensemble* *bonne journée*	La Fête de la musique

Préleçon

Alphabet français

A	a	[a]	J	j	[ʒi]	S	s	[ɛs]
B	b	[be]	K	k	[ka]	T	t	[te]
C	c	[se]	L	l	[ɛl]	U	u	[y]
D	d	[de]	M	m	[ɛm]	V	v	[ve]
E	e	[ə]	N	n	[ɛn]	W	w	[dubləve]
F	f	[ɛf]	O	o	[o]	X	x	[iks]
G	g	[ʒe]	P	p	[pe]	Y	y	[igRɛk]
H	h	[aʃ]	Q	q	[ky]	Z	z	[zɛd]
I	i	[i]	R	r	[ɛ:R]			

Prononciation

Voyelles

voyelles antérieures	[a]	la	sac
	[ɛ]	elle	sel
	[e]	été	nez
	[i]	il	si
voyelles postérieures	[ɑ]	âge	pas
	[ɔ]	homme	sol
	[o]	eau	rose
	[u]	ours	sous
voyelles composées	[œ]	œil	bœuf
	[ø]	jeu	peu
	[ə]	ce	petit
	[y]	du	sur
voyelles nasales	[ɛ̃]	main	saint
	[œ̃]	un	lundi
	[õ]	son	long
	[ã]	sang	ange
semi-voyelles	[j]	ail	pied
	[ɥ]	lui	nuit
	[w]	toit	oui

Consonnes

b, bb	[b]	bon, abbé
c (+ a, o, u)	[k]	caméra, condition, curiosité
c (+ e, i, y)	[s]	ceci, cinéma, cygne
ç (+ a, o, u)	[s]	ça, maçon, reçu, français
cc (+ a, o, u)	[k]	occasion, accord, accueil
cc (+ e, i)	[ks]	accessible, accident
ch	[ʃ] [k]	chaise, chanson chaos, archéologie, chrysanthème
d, dd	[d]	dos, addition
f, ff	[f]	front, affaire
g (+ a, o, u)	[g]	garage, gothique, aigu
g (+ e, i, y)	[ʒ]	page, gilet, gymnastique
gu	[g]	bague, guitare, guerre
gg	[g]	aggravation, agglomération
gg (+ e, i, y)	[gʒ]	suggestion, suggestif
gn	[ɲ]	campagne, mignon, montagne
gn	[gn]	stagnation, gnomon
h (muet)		l'homme, l'honneur, l'hommage
h (aspiré)		la honte, le héros, la hutte
j	[ʒ]	jamais, bijou, jeune
k	[k]	kilo, kiosque
l, ll	[l]	il, elle, pelle

m, mm	[m]	homme, maman
p, pp	[p]	pour, peine, supposition
ph	[f]	photo, philosophe
qu	[k]	qui, que, quatre
r, rr	[R]	raison, arrêter
s, ss	[s]	soleil, passer
(voyelle +) s (+ voyelle)	[z]	raser, saison, maison
sc (+ a, o, u)	[sk]	scandale, discorde, sculpture
sc (+ e, i, y)	[s]	scène, science, scie
t, tt	[t]	tante, attester, cette
ti	[ti]	pitié, question, platine
	[si]	martial, essentiel, nation
v	[v]	vogue, avant, vase
w	[v]	wagon-restaurant
	[w]	tramway
x	[ks]	express, texte
	[gz]	examen, exercice, exemple
	[s]	six, dix
z	[z]	zéro, zèle

Signes orthographiques

accent aigu	(´) é	bébé, été
accent grave	(`) à, è, ù	là, mère, où
accent circonflexe	(^) â, ê, î, ô, û	âme, fête, île, tôt, flûte
tréma	(¨) ë, ï, ü	Noël, haïr, Ésaü
cédille	(¸) ç	français, garçon
apostrophe	(')	l'ami, l'avion
trait d'union	(-)	grand-père, arc-en-ciel

Signes de Ponctuation

[.]	point	[!]	point d'exclamation
[,]	virgule	[...]	points de suspension
[;]	point virgule	[−]	tiret
[:]	deux points	[( )]	parenthèses
[?]	point d'interrogation	[«»]	guillemets

1 UN CROISSANT ET UNE BAGUETTE

GRAMMAIRE

- Le masculin et le féminin des noms
- Le singulier et le pluriel des noms
- Les articles indéfinis et définis

Un croissant et une baguette

un croissant

une baguette

des croissants

des baguettes

un garçon

une fille

des garçons

des filles

le soleil

la lune

les étoiles

la terre

Masculin et féminin

- Noms masculins : un garçon, un croissant, le soleil
- Noms féminins : une fille, une baguette, la lune

Singulier et pluriel

- Singuliers : un croissant, une baguette, un garçon, une fille
- Pluriels : des croissants, des baguettes, des garçons, des filles

Les articles

- Articles indéfinis : *un, une, des*

  un livre, **une** chaise, **des** sacs

- Articles définis : *le, la, les*

  le crayon, **la** serviette, **les** cahiers

ATTENTION !

le/la + voyelle ou h muet → **l'**
l'ami(e), **l'**homme

• La communication en classe

LE PROFESSEUR

L'ÉTUDIANT

Parlez.

Écoutez.

Répétez.

Écrivez.

Regardez.

Travaillez.

Répondez.

Pardon.

S'il vous plaît.

• Les nombres cardinaux

1	2	3	4	5
un	deux	trois	quatre	cinq
6	**7**	**8**	**9**	**10**
six	sept	huit	neuf	dix
11	**12**	**13**	**14**	**15**
onze	douze	treize	quatorze	quinze
16	**17**	**18**	**19**	**20**
seize	dix-sept	dix-huit	dix-neuf	vingt

• un(e), deux, trois ...

un stylo

deux roses

trois livres

une pomme

deux fraises

trois bananes

La France en images

la baguette

le croissant

la tarte

la crêpe

la galette

le fromage

l'expresso

le vin

le macaron

23

1 **Mettez les articles indéfinis.**

1) _____ homme   2) _____ femme

3) _____ livre   4) _____ crayons

5) _____ serviette   6) _____ cahier

7) _____ rose   8) _____ sacs

9) _____ tarte   10) _____ café

2 **Mettez les articles définis.**

1) _____ stylo   2) _____ table

3) _____ lune   4) _____ bancs

5) _____ étoile   6) _____ croissant

7) _____ fromages   8) _____ galette

3 Mettez au singulier ou pluriel.

1) garçon - _____

2) filles - _____

3) baguette - _____

4) chaises - _____

5) macaron - _____

4 Écrivez les nombres en lettres.

1) 3 _____   2) 7 _____

3) 10 _____   4) 14 _____

5) 18 _____   6) 20 _____

7) 5 _____   8) 12 _____

2 SALUTATIONS

GRAMMAIRE

- Les pronoms personnels
- Les pronoms toniques
- L'interrogation
- Le verbe *aller*

Salutations

Michel : Bonjour, Sophie !

Sophie : Bonjour, Michel !

Michel : Comment vas-tu ?

Sophie : Très bien, merci ! Et toi ?

Michel : Comme ci comme ça.

Sophie : Bonne journée !

Michel : Toi aussi.

Sophie : Au revoir !

Michel : Salut ! À bientôt.

M. Durand : Bonsoir, madame !

Mme Martin : Bonsoir, monsieur !

M. Durand : Comment allez-vous ?

Mme Martin : Je vais bien. Merci ! Et vous ?

M. Durand : Moi aussi, je vais bien.

Mme Martin : Bonne soirée !

M. Durand : Merci, vous aussi.

Les pronoms personnels

je	nous
tu	vous
il/elle	ils/elles

Les pronoms toniques

moi	nous
toi	vous
lui/elle	eux/elles

L'interrogation

Tu vas à l'école.

Tu vas à l'école ?

Vas-tu à l'école ?

Est-ce que tu vas à l'école ?

Michel va au café.

Michel va au café ?

Michel **va-t-il** au café ?

Est-ce que Michel va au café ?

aller			
je	**vais**	nous	**allons**
tu	**vas**	vous	**allez**
il/elle	**va**	ils/elles	**vont**

• Saluer

Bonjour !	Bonsoir !	Bonne nuit !
Bonne journée !	Bon après-midi !	Bonne soirée !
Salut !	Au revoir !	À bientôt !

Comment allez-vous ?   – Je vais bien.

Comment vas-tu ?   – Très bien.

– Comme ci comme ça.

– Pas mal.

Ça va ?   – Ça va.

• Appeler

M.   =   Monsieur

Mme   =   Madame

Mlle   =   Mademoiselle

L'usage de *tu* ou de *vous*

On utilise *tu* pour parler :

- à une personne dans une relation informelle (amicale, familiale, etc.).

On utilise *vous* pour parler :

- à une personne dans une relation formelle (commerciale, professionnelle ou hiérarchique, etc.) ;
- à deux personnes ou plus dans une relation formelle ou informelle.

TU OU VOUS ?

TU Situation informelle
VOUS Situation formelle

JE SUIS UN...

ENFANT

ENFANTS

FAMILLE / AMIS

PROFESSEURS / ADULTES

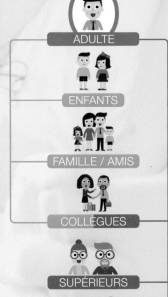

ADULTE

ENFANTS

FAMILLE / AMIS

COLLÈGUES

SUPÉRIEURS

INCONNUS

1 **Complétez avec des pronoms personnels.**

1) _____ allons au café.

2) _____ vont à Paris.

3) Où allez- _____ ?

4) Comment vas- _____ ?

5) _____ vais au restaurant.

2 **Complétez avec des pronoms toniques.**

1) _____ , il va à l'école.

2) _____ , je vais en France.

3) _____ , elles vont bien.

4) _____ , tu vas au cinéma.

5) _____ , ils vont à la piscine.

3 **Conjuguez le verbe *aller*.**

1) je _____   2) tu _____

3) il _____   4) elle _____

5) nous _____   6) vous _____

7) ils _____   8) elles _____

4 **Répondez aux questions.**

1) Comment allez-vous ?

2) Comment va-t-il ?

3) Comment vas-tu ?

4) Comment vont-elles ?

5) Comment va-t-elle ?

3 VOUS ÊTES FRANÇAIS ?

GRAMMAIRE

- L'adjectif démonstratif
- La négation
- Les verbes *parler, rester, étudier, être, faire*

Vous êtes français ?

Michel : Bonjour ! Vous êtes français ?

M. Martin : Oui, je suis français.

Michel : Cette jeune fille, elle est française ?

M. Martin : Non, elle n'est pas française. Elle est coréenne.

Michel : Bonjour, mademoiselle ! Que faites-vous dans la vie ?

Min-Ji : Je suis étudiante. Ici à Paris, j'étudie la littérature française.

Michel : Ah bon ? Vous parlez bien français.

Min-Ji : Non, pas encore. Et vous, qu'est-ce que vous faites ?

Michel : Moi aussi, je suis étudiant. J'étudie à la faculté de médecine.

Min-Ji : Bonne journée !

Michel : Bonne journée à vous deux !

M. Martin : Merci, au revoir !

L'adjectif démonstratif

ce sac, **cette** table, **ces** livres

ATTENTION !

ce + voyelle ou h muet → **cet**
cet arbre, **cet** homme

La négation : *ne* + verbe + *pas*

Je suis étudiant. → Je **ne** suis **pas** étudiant.

Nous sommes coréens. → Nous **ne** sommes **pas** coréens.

ATTENTION !

ne + voyelle ou h muet → **n'**
Il est français. → Il **n'**est **pas** français.
Elle habite à Paris. → Elle **n'**habite **pas** à Paris.

parler

je	**parle**	nous	**parlons**
tu	**parles**	vous	**parlez**
il/elle	**parle**	ils/elles	**parlent**

rester

je	**reste**	nous	**restons**
tu	**restes**	vous	**restez**
il/elle	**reste**	ils/elles	**restent**

étudier

j'	**étudie**	nous	**étudions**
tu	**étudies**	vous	**étudiez**
il/elle	**étudie**	ils/elles	**étudient**

être

je	**suis**	nous	**sommes**
tu	**es**	vous	**êtes**
il/elle	**est**	ils/elles	**sont**

faire

je	**fais**	nous	**faisons**
tu	**fais**	vous	**faites**
il/elle	**fait**	ils/elles	**font**

• Demander la nationalité

Il est français ?

– Non, il n'est pas français.

Il est allemand.

Elle est française ?

– Non, elle n'est pas française.

Elle est canadienne.

• Demander la profession

Que faites-vous dans la vie ?

= Qu'est-ce que vous faites dans la vie ?

Que fait-il dans la vie ?

= Qu'est-ce qu'il fait dans la vie ?

• Sans article

Il est français.　　　　Elle est coréenne.

Je suis professeur.　　　Vous êtes étudiants.

• Remerciement

Merci !　　　　Merci bien !　　　　Merci beaucoup !

• Les nationalités

pays	peuple	langue
l'Allemagne	Allemand(e)	l'allemand
l'Angleterre	Anglais(e)	l'anglais
le Canada	Canadien(ne)	l'anglais, le français
la Chine	Chinois(e)	le chinois
la Corée	Coréen(ne)	le coréen
la France	Français(e)	le français
l'Italie	Italien(ne)	l'italien
le Japon	Japonais(e)	le japonais
les États-Unis	Américain(e)	l'américain

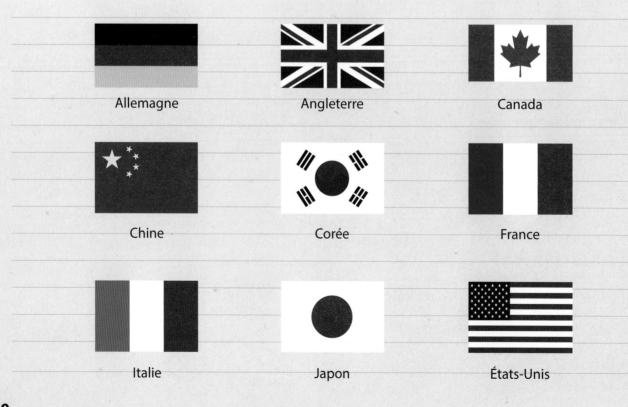

Allemagne	Angleterre	Canada
Chine	Corée	France
Italie	Japon	États-Unis

Les numéros de téléphone en France

- Le numéro de téléphone commence par 01 à Paris.

- Le numéro de téléphone commence par 02 à Brest.

- Le numéro de téléphone commence par 03 à Lille.

- Le numéro de téléphone commence par 04 à Lyon.

- Le numéro de téléphone commence par 05 à Bordeaux.

- Le numéro de portable commence par 06 en France.

1 **Complétez avec le verbe *être* au présent de l'indicatif.**

1) Il _____ étudiant.

2) Nous _____ coréens.

3) Elles _____ françaises.

4) Je _____ professeur.

5) Vous _____ médecin.

2 **Complétez avec des adjectifs démonstratifs.**

1) _____ table est ronde.

2) J'étudie _____ livre.

3) _____ films sont intéressants.

4) Elles restent dans _____ hôtel.

5) _____ ami est gentil.

3 **Mettez les phrases à la forme négative.**

1) Il est japonais.

2) Elle parle français.

3) Tu es étudiant.

4) Nous étudions le français.

5) Je fais ce travail.

4 **Écrivez les nationalités.**

1) Sophie Marceau est _____.

2) Tom Cruise est _____.

3) Son Heung-Min est _____.

4) Céline Dion est _____.

5) Adam Smith est _____.

4 QUI EST-CE ?

GRAMMAIRE

- Les pronoms interrogatifs
- Les articles contractés
- L'adjectif possessif
- Le pronom indéfini *on*
- L'article partitif et la négation
- L'accord en genre
- Le verbe *avoir*

Qui est-ce ?

Michel : Qui est-ce ?

Sophie : C'est Saint-Exupéry.

Michel : Ah ! C'est l'auteur du *Petit Prince* ?

Sophie : Oui, c'est ça. Il est très célèbre comme écrivain.

Michel : J'aime beaucoup son roman.

Sophie : Moi aussi, j'adore ses œuvres et son style.

Michel : On prend un café ?

Sophie : Oui, avec plaisir.

Michel : Tu mets du sucre dans ton café ?

Sophie : Non, pas de sucre. Merci !

Michel : Je t'en prie. Et maintenant, on écoute une chanson ?

Sophie : Bien ! Qu'est-ce que tu as ?

Michel : J'ai un CD de Céline Dion.

Sophie : Céline Dion ? C'est qui ?

Michel : C'est une chanteuse canadienne. Elle chante très bien.

Sophie : Tu as des CD de Roch Voisine aussi ?

Michel : Ben oui. Alors, on écoute ses chansons très douces.

Sophie : Je veux bien.

Antoine de Saint-Exupéry

Les pronoms interrogatifs

Qui est-ce ? (= C'est **qui** ?)

– C'est Victor Hugo.

– C'est un écrivain français.

Qu'est-ce que c'est ? (= C'est **quoi** ?)

– C'est un roman.

– C'est le roman de Victor Hugo.

Les articles contractés

de + le → **du**	de + le professeur → **du** professeur
de + les → **des**	de + les étudiants → **des** étudiants
à + le → **au**	à + le cinéma → **au** cinéma
à + les → **aux**	à + les États-Unis → **aux** États-Unis

L'adjectif possessif

singulier				pluriel	
mon	ami	**ma**	voiture	**mes**	amis/voitures
ton	livre	**ta**	serviette	**tes**	livres/serviettes
son	fils	**sa**	fille	**ses**	fils/filles
notre	père	**notre**	mère	**nos**	pères/mères
votre	fils	**votre**	fille	**vos**	fils/filles
leur	frère	**leur**	sœur	**leurs**	frères/sœurs

Le pronom indéfini *on*

On va au cinéma ? (on = nous)

En France, **on** dîne vers 20 heures. (on = les gens)

On frappe à la porte. (on = quelqu'un)

L'article partitif

du	Elle mange **du** pain.
de la	Il boit **de la** bière.
de l' + voyelle ou h muet	On boit **de l'**eau.

L'article partitif et la négation

Je mets **du** sucre dans mon café.

→ Je **ne** mets **pas de** sucre dans mon café.

Tu as **de la** chance.

→ Tu **n'**as **pas de** chance.

Le féminin

un étudiant français	→	une étudiante française
un journaliste célèbre	→	une journaliste célèbre
un chanteur canadien	→	une chanteuse canadienne
un bon cuisinier	→	une bonne cuisinière
un beau garçon	→	une belle fille

avoir			
j'	**ai**	nous	**avons**
tu	**as**	vous	**avez**
il/elle	**a**	ils/elles	**ont**

• Interroger

Qui est-ce ? (= C'est qui ?)

Qu'est-ce que c'est ? (= C'est quoi ?)

• Masculin et féminin des adjectifs

petit(e)	grand(e)	blond(e)	brun(e)
cher(ère)	léger(ère)	gros(se)	doux(ce)

• Les professions

acteur(trice)	chanteur(se)	musicien(ne)
comédien(ne)	cuisinier(ère)	infirmier(ère)
écrivain	professeur	médecin

• aussi / non plus

Vous aimez le café.   Moi aussi.

Tu n'aimes pas le sport.   Moi non plus.

• Proposer

On prend un café ?   – Oui, avec plaisir.

On écoute un disque ?   – Bien !

• Réponses aux remerciements

Merci.   – Je vous en prie.

Merci bien.   – Pas de quoi.

Merci beaucoup.   – De rien.

La francophonie

John, Natacha, Pablo, Min-Ji et José ne sont pas Français, mais ils parlent français. Pour comprendre pourquoi, observez la carte ci-dessous.

- Plus de 200 millions de personnes sont francophones.

- Le français est la première langue de 80 millions de personnes.

- Le français est la deuxième langue après l'anglais au niveau de l'apprentissage.

- Le français est la troisième langue sur Internet.

L'Organisation internationale de la francophonie

274 millions de locuteurs de français dans le monde

■ 54 membres
■ 26 observateurs
■ 4 membres associés

Canada

Québec, N.-Brunswick

Ontario

Rép-Dominicaine

Mexique

Haïti · Ste-Lucie

Costa Rica

Cap-Vert

Argentine

Uruguay

Bénin, Burkina Faso, Côte d'Ivoire, Guinée, Guinée-Bissau, Mauritanie, Sénégal, Mali, Togo

Maroc

Ghana

Dominique

Tunisie

Belgique, Fédération Wallonie-Bruxelles, France, Luxembourg, Suisse, Andorre, Monaco

Autriche, Bosnie, Croatie, Estonie, Hongrie, Kosovo, Lettonie, Lituanie, Monténégro, Pologne, Rép. tchèque, Serbie, Slovaquie, Slovénie, Ukraine

Albanie, Bulgarie, Grèce, Macédoine, Moldavie, Roumanie

Chypre

Liban

Qatar

Égypte

Géorgie

Arménie

Émirats Arabes Unis

Djibouti

Burundi, Congo, RD Congo, Rwanda

Comores · Seychelles

· Maurice

Madagascar

Mozambique

Cameroun, Centrafrique, Gabon, Niger, Guinée équatoriale, Sao Tomé et Principe, Tchad

Corée du Sud

Cambodge, Laos, Vietnam

Thaïlande·

Vanuatu

Nlle-Calédonie

Source : OIF   *Suspendue des instances

© AFP

1 **Complétez avec des pronoms interrogatifs.**

1) _____ est-ce ?   – C'est Marcel Proust.

2) _____ c'est ?   – C'est une photo.

3) C'est _____ ?   – C'est Alain Delon.

4) C'est _____ ?   – C'est un film.

5) _____ c'est ?   – Ce sont des livres.

2 **Complétez avec des articles contractés.**

1) Elle joue _____ piano ?

   – Non, elle joue _____ violon.

2) Ils jouent _____ football ?

   – Non, ils jouent _____ tennis.

3) Tu habites _____ États-Unis ?

   – Non, j'habite _____ Canada.

4) Ce sont les livres _____ étudiants ?

   – Non, ce sont les livres _____ professeur.

5) Vous allez _____ musée du Louvre ?

   – Non, nous allons _____ Champs-Élysées.

3 **Complétez avec des adjectifs possessifs.**

1) J'aime _____ vélo.

2) Il prend _____ voiture tous les jours.

3) Vous cherchez _____ lunettes.

4) Elle raconte _____ histoire d'amour.

5) Ils habitent avec _____ parents.

4 **Complétez avec des articles partitifs.**

1) Il boit _____ vin.

2) Elle prépare _____ salade.

3) Nous buvons _____ eau.

4) Vous avez _____ chance.

5) Ils ont _____ courage.

5 **Mettez les phrases à la forme négative.**

1) Il boit de la bière.

2) Elle mange du fromage.

3) Tu as de l'argent.

4) Il fait du soleil.

5) Je prends de l'eau.

5 COMMENT VOUS VOUS APPELEZ ?

GRAMMAIRE

- L'interrogatif *comment*
- L'adjectif interrogatif
- Les prépositions de lieu
- Le verbe *s'appeler*

Comment vous vous appelez ?

Michel : Bonjour, madame ! Comment vous vous appelez ?

Mme Martin : Je m'appelle Françoise Martin. Et vous ?

Michel : Moi, je m'appelle Michel Lebrun.

Mme Martin : Enchantée monsieur !

Michel : Enchanté, madame !

Mme Martin : Vous habitez dans quel quartier ?

Michel : J'habite dans le Quartier latin. C'est le 5ème arrondissement de Paris.

Mme Martin : Ah bon ? C'est le quartier des étudiants, n'est-ce pas ?

Michel : Oui, vous avez raison. J'aime beaucoup ce quartier. C'est très chic.

Mme Martin : Vous habitez là depuis quand ?

Michel : J'habite là depuis six ans. Je ne veux pas quitter ce quartier.

Mme Martin : Vous êtes très content de votre quartier, hein ?

Michel : Oui, c'est vrai. Surtout, j'aime bien le jardin du Luxembourg.

Je vais souvent dans ce jardin magnifique.

Mme Martin : Ah, vous avez de la chance !

L'interrogatif *comment*

Comment il s'appelle ?   – Il s'appelle Paul Durand.

Il est **comment** ?   – Il est grand et gros.

Comment elle s'appelle ?   – Elle s'appelle Min-Ji Lee.

Elle est **comment** ?   – Elle est belle et mince.

L'adjectif interrogatif

quel	quelle
quels	quelles

Quel âge as-tu ?

Quelle musique aime-t-elle ?

Quels sports font-ils ?

Quelles langues parlez-vous ?

Les prépositions de lieu

dans

 près de ≠ loin de

devant ≠ derrière

en face de

a côté de

sur ≠ sous

à gauche de ≠ à droite de

s'appeler			
je	**m'**appell**e**	nous	**nous** appel**ons**
tu	**t'**appell**es**	vous	**vous** appel**ez**
il/elle	**s'**appell**e**	ils/elles	**s'**appell**ent**

• Présenter

Comment tu t'appelles ?

– Je m'appelle Pierre Vincent.

Comment vous vous appelez ?

– Je m'appelle Sylvie Durand.

• habiter

Où habitez-vous ?

– J'habite à Séoul.

Il habite où ?

– Il habite à Paris.

Tu habites dans quel quartier ?

– J'habite dans le Quartier latin.

• avoir + le nom (sans article)

avoir raison (tort)	Tu as raison.	Il a tort.
avoir faim (soif)	J'ai faim.	Elle a soif.
avoir chaud (froid)	J'ai chaud.	Tu as froid.
avoir peur (sommeil)	Elle a peur.	Il a sommeil.

• aimer

Qu'est-ce que vous aimez ?

– J'aime la musique.

Tu aimes quoi ?

– J'aime le sport.

• La durée

Depuis quand attendez-vous là ?

– J'attends là depuis une heure.

Depuis quand es-tu en vacances ?

– Je suis en vacances depuis hier.

• être content(e)(s) de

Il est content de sa voiture.

Elle est contente de son cadeau.

Nous sommes contents de leurs nouvelles.

• Les nombres ordinaux

1er	2^e	3^e	4^e	5^e
premier	deuxième	troisième	quatrième	cinquième
6^e	7^e	8^e	9^e	10^e
sixième	septième	huitième	neuvième	dixième
11^e	12^e	13^e	14^e	15^e
onzième	douzième	treizième	quatorzième	quinzième
16^e	17^e	18^e	19^e	20^e
seizième	dix-septième	dix-huitième	dix-neuvième	vingtième

Pontoise, une ville de l'Île-de-France

PONTOISE

La région Île-de-France est composée de :

Paris + les 3 départements de la proche banlieue (en orange).

+ les 4 départements de la grande banlieue (en jaune).

Pontoise se trouve en grande banlieue.

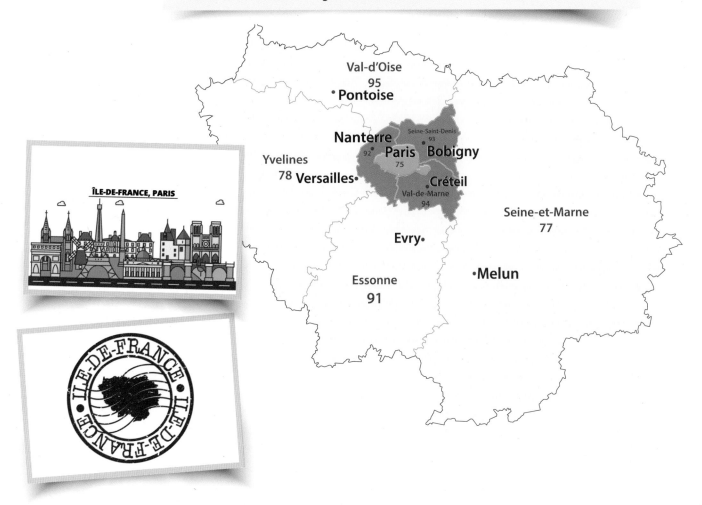

ÎLE-DE-FRANCE, PARIS

Val-d'Oise
95
• Pontoise

Seine-Saint-Denis
93
Nanterre
92
Paris
75
Bobigny

Yvelines
78 Versailles•

Créteil
Val-de-Marne
94

Essonne
91
Evry•

Seine-et-Marne
77

•Melun

ÎLE-DE-FRANCE • ÎLE-DE-FRANCE

1 **Répondez aux questions.**

1) Comment vous vous appelez ?

2) Comment s'appelle votre voisin ?

3) Comment s'appelle votre professeur ?

4) Comment s'appelle votre université ?

5) Comment tu t'appelles ?

2 **Écrivez les nombres en lettres.**

1) le 1er mai

2) la 3e place

3) le 5e jour

4) le 9e mois

5) le XXe siècle

3 **Répondez aux questions.**

1) Vous étudiez à votre université depuis quand ?

2) Tu habites dans ton quartier depuis quand ?

3) Les vacances commencent depuis quand ?

4) Il fait ses devoirs depuis quand ?

5) Elle est là depuis quand ?

4 **Mettez les noms.**

1) Il a raison ?   – Non, il a _____ .

2) Tu as faim ?   – Oui, j'ai _____ .

3) Vous avez soif ?   – Oui, nous avons _____ .

4) Elle a peur ?   – Non, elle n'a pas _____ .

5) Tu as chaud ?   – Non, j'ai _____ .

6 QUEL JOUR DU MOIS EST-CE AUJOURD'HUI ?

GRAMMAIRE

- L'emploi des nombres ordinaux
- L'interrogatif *combien*
- Les verbes *commencer, finir*

Quel jour du mois est-ce aujourd'hui ?

Min-Ji : Quel jour du mois est-ce aujourd'hui ?

Sophie : Aujourd'hui, c'est le 1er avril.

Min-Ji : Quel jour de la semaine est-ce aujourd'hui ?

Sophie : Aujourd'hui, c'est mercredi.

Min-Ji : Combien de jours y a-t-il dans une semaine ?

Sophie : Il y a sept jours : lundi, mardi, mercredi, jeudi, vendredi, samedi, dimanche.

Min-Ji : Combien de mois y a-t-il dans une année ?

Sophie : Il y a douze mois : janvier, février, mars, avril, mai, juin, juillet, août, septembre, octobre, novembre, décembre.

Min-Ji : Quel est le premier mois de l'année ?

Sophie : C'est janvier. L'année commence le 1er janvier. C'est le jour de l'an.

Min-Ji : Quel est le dernier mois de l'année ?

Sophie : C'est décembre. L'année finit le 31 décembre. C'est la Saint-Sylvestre.

Decembre Janvier Fevrier Mars Avril Mai Juin Juillet Aout Septembre Octobre Novembre

Saint Sylvestre

Lundi   Mardi
Mercredi Jeudi
Vendredi
Samedi
Dimanche

L'emploi des nombres ordinaux

• **Pour indiquer les siècles**

  - Nous sommes au **vingt et unième siècle**.

• **Pour indiquer les arrondissements, les étages, les pages, les chapitres, les dates, etc.**

  - Elle habite dans le **16ème(seizième) arrondissement**.

  - Son appartement est au **5ème(cinquième) étage**.

  - La **dixième page** ou la page dix

  - **Chapitre 1er(premier)** mais chapitre 2(deux), chapitre 3(trois), etc.

  - On est le **1er(premier) mai** mais le 2(deux) mai, le 3(trois) mai, etc.

L'interrogatif *combien*

C'est **combien** ?	– C'est 15 euros.
Vous êtes **combien** ?	– Nous sommes cinq.
Combien de vélos as-tu ?	– J'ai deux vélos.

commencer			
je	commenc**e**	nous	commenç**ons**
tu	commenc**es**	vous	commenc**ez**
il/elle	commenc**e**	ils/elles	commenc**ent**

finir			
je	fin**is**	nous	fin**issons**
tu	fin**is**	vous	fin**issez**
il/elle	fin**it**	ils/elles	fin**issent**

• Demander le jour du mois

Quel jour du mois est-ce aujourd'hui ?

= Quel jour sommes-nous aujourd'hui ?

= On est quel jour aujourd'hui ?

• Demander le jour de la semaine

Quel jour de la semaine est-ce aujourd'hui ?

= Quel jour de la semaine sommes-nous aujourd'hui ?

• Il y a / Y a-t-il ? / Qu'est-ce qu'il y a ?

Il y a un livre sur la table.

Y a-t-il un chien sous la chaise ?

Qu'est-ce qu'il y a devant la maison ?

• Les jours de la semaine

lundi	mardi	mercredi	jeudi	vendredi	samedi	dimanche

Nous sommes quel jour ?	– Nous sommes jeudi.
On est quel jour ?	– On est samedi.
C'est quel jour ?	– C'est dimanche.

• Les mois de l'année

janvier	février	mars	avril	mai	juin	juillet
août	septembre	octobre	novembre	décembre		

Nous sommes le combien ?	– Nous sommes le 12 avril.
On est le combien ?	– On est le 7 mai.
C'est le combien ?	– C'est le 9 juin.

• Les nombres cardinaux

21	22	23	30	31
vingt et un	vingt-deux	vingt-trois	trente	trente et un
32	**40**	**41**	**42**	**50**
trente-deux	quarante	quarante et un	quarante-deux	cinquante
51	**52**	**60**	**61**	**62**
cinquante et un	cinquante-deux	soixante	soixante et un	soixante-deux
70	**71**	**72**	**80**	**81**
soixante-dix	soixante et onze	soixante-douze	quatre-vingts	quatre-vingt-un
82	**90**	**91**	**92**	**100**
quatre-vingt-deux	quatre-vingt-dix	quatre-vingt-onze	quatre-vingt-douze	cent
101	**110**	**200**	**1 000**	**10 000**
cent un	cent dix	deux cents	mille	dix mille

• Les nombres ordinaux

21^e	22^e	23^e	30^e	40^e
vingt et unième	vingt-deuxième	vingt-troisième	trentième	quarantième
50^e	**60e**	**70e**	**71e**	**80e**
cinquantième	soixantième	soixante-dixième	soixante et onzième	quatre-vingtième
81^e	**90e**	**91e**	**100e**	**1 000e**
quatre-vingt–unième	quatre-vingt-dixième	quatre-vingt-onzième	centième	millième

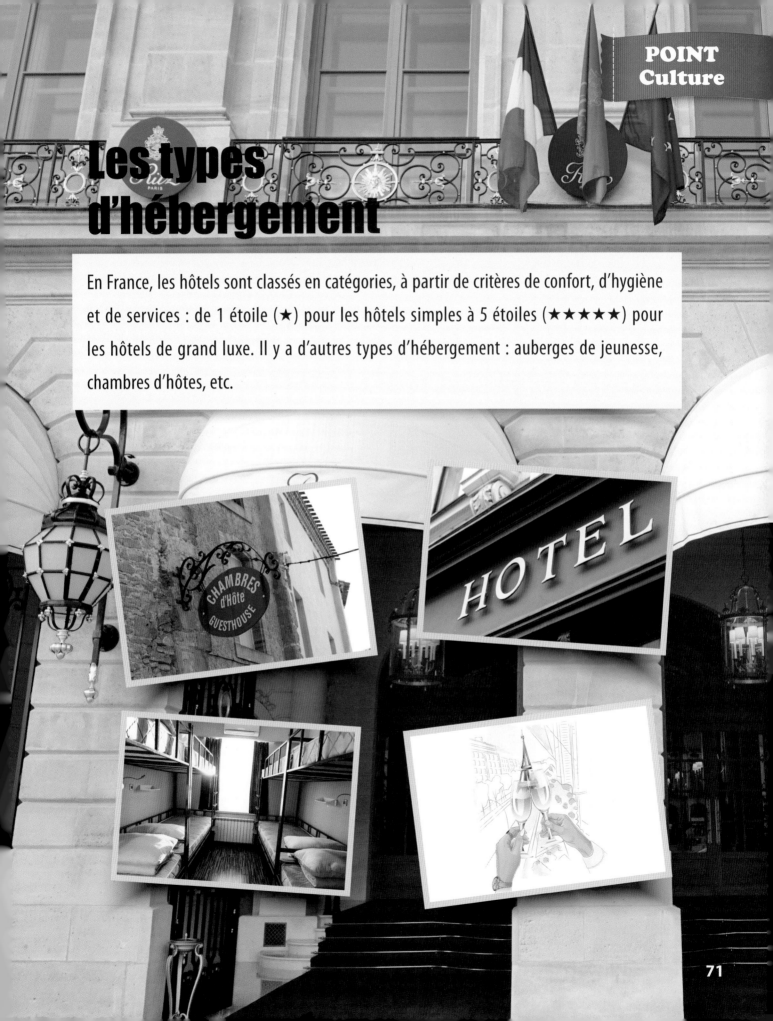

Les types d'hébergement

En France, les hôtels sont classés en catégories, à partir de critères de confort, d'hygiène et de services : de 1 étoile (★) pour les hôtels simples à 5 étoiles (★★★★★) pour les hôtels de grand luxe. Il y a d'autres types d'hébergement : auberges de jeunesse, chambres d'hôtes, etc.

1 **Mettez le verbe *commencer*.**

1) Le cours de français _____ tôt.

2) Nous _____ notre leçon.

3) Les étudiants _____ à travailler.

4) Tu _____ ton devoir.

2 **Mettez le verbe *finir*.**

1) Le professur _____ son cours.

2) Les étudiants _____ leurs devoirs.

3) Nous _____ notre travail.

4) Les films _____ tard.

3 **Écrivez les nombres ordinaux en lettres.**

1) Elle habite au 19ème _____ arrondissement.

2) Les étudiants ouvrent la 37ème _____ page.

3) Nous sommes au 21ème _____ siècle.

4) Son bureau est au 53ème _____ étage.

4 **Mettez l'interrogatif *combien* ou *combien de*.**

1) Cette montre, c'est _____ ?

2) _____ voitures avez-vous ?

3) Ils sont _____ ?

4) _____ livres y a-t-il sur la table ?

5 **Répondez aux questions.**

1) Quel jour du mois est-ce aujourd'hui ?

2) Quel jour de la semaine est-ce aujourd'hui ?

3) Combien d'heures y a-t-il dans un jour ?

4) Quel est le premier jour de la semaine ?

5) Quel est le dernier jour de la semaine ?

7 IL FAIT TRÈS BEAU !

GRAMMAIRE

- Le pronom impersonnel *il*
- L'adjectif *beau*
- La place de l'adjectif
- Le comparatif
- Le superlatif

Il fait très beau !

Min-Ji : Quel temps fait-il maintenant ?

Michel : Il fait très beau ! Tu veux faire une promenade avec moi ?

Min-Ji : Oui, avec plaisir. Le printemps est une très belle saison.

Michel : Quel temps fait-il au printemps en Corée ?

Min-Ji : Il fait doux et il y a souvent du soleil.

Michel : Et en été ?

Min-Ji : Il fait très chaud et il pleut beaucoup. Il fait plus chaud qu'en France.

Michel : En automne, il fait aussi mauvais qu'en France ?

Quel temps fait-il ?

Min-Ji : Mais non, il fait un temps magnifique. Surtout, le ciel est très clair.

Michel : Est-ce qu'il fait froid en hiver ?

Min-Ji : Oui, bien sûr. Il fait très froid et il neige quelquefois.

Michel : Alors, en France il fait moins froid qu'en Corée, n'est-ce pas ? Et puis il ne neige pas beaucoup, mais il pleut souvent.

Le pronom impersonnel *il*

Il fait beau (mauvais, chaud, froid, frais, doux).

Il y a du soleil (du vent, du brouillard, de l'orage).

Il pleut.

Il neige.

L'adjectif *beau*

un **beau** jardin   une **belle** maison

ATTENTION !

beau + voyelle ou h muet → **bel**
un **bel** arbre   un **bel** homme

La place de l'adjectif

un **bon** vin   un **beau** temps

une **jolie** robe   un **gros** livre

un café **noir**   une table **ronde**

un gâteau **sucré**   un plat **coréen**

> **Check !**
>
> un film intéressant
> → **des** films intéressant**s**
> un bon vin
> → **de** bon**s** vin**s**

Le comparatif

Michel est **plus (aussi/moins)** grand **que** Robert.

Sophie parle **plus (aussi/moins)** vite **que** Marie.

Paul a **plus (autant/moins) de** livres **que** Jean.

Le superlatif

Marie est **la plus (la moins)** grande de sa classe.

Sophie parle **le plus (le moins)** vite de sa famille.

Paul a **le plus (le moins) de** livres de ses amis.

ATTENTION !

bon(ne)(s)
→ **meilleur(e)(s) / le (la, les) meilleur(e)(s)**
- Le vin est plus bon que l'eau. (x)
- Le vin est **meilleur** que l'eau. (o)
- Jean est le plus bon élève de sa classe. (x)
- Jean est **le meilleur** élève de sa classe. (o)

bien → **mieux / le mieux**
beaucoup → **plus / le plus**
peu → **moins / le moins**

• Le temps

Quel temps fait-il aujourd'hui ?

– Il fait beau (mauvais, gris, chaud, froid, frais, etc.).

• vouloir + inf.

Qu'est-ce que vous voulez faire ?

– Nous voulons partir en voyage.

Qu'est-ce que tu veux faire ?

– Je veux faire une promenade dans un parc.

• avec plaisir (= volontiers)

On prend un café ?

– Oui, avec plaisir.

Vous voulez aller au cinéma ?

– Volontiers.

• Les saisons

En quelle saison sommes-nous ?

– Nous sommes au printemps (en été, en automne, en hiver).

• Mais oui / Mais non

Tu comprends ?

– Mais oui.

Il est méchant ?

– Mais non.

- **bien sûr (= bien entendu)**

  Ce cadeau vous plaît ?

  – Oui, bien sûr.

- **quelquefois (= parfois)**

  Je vais quelquefois au cinéma.

  Quelquefois, il vient voir ses parents.

- **n'est-ce pas ?**

  Ce film est très intéressant, n'est-ce pas ?

  Aujourd'hui, il fait un peu chaud, n'est-ce pas ?

La France, un pays plurilingue

La France se compose d'une mosaïque de langues et de cultures. En plus du français, dans certaines régions, on parle une langue régionale qui peut être étudiée dans les écoles ou les universités ; l'alsacien, le basque, le breton, le catalan, le corse, le gallo et l'occitan.

FLAMAND

FRANCIQUE

BRETON

ALSACIEN

DOMAINE D'OÏL

FRANCO PROVENÇAL

OCCITAN

BASQUE

CATALAN

CORSE

France

1 **Mettez l'adjectif *beau*.**

1) un _____ garçon

2) une _____ fille

3) une _____ voiture

4) un _____ ami

5) un _____ hiver

2 **Mettez les mots au pluriel.**

1) un livre intéressant

2) une bonne cuisine

3) un gâteau sucré

4) une table ronde

5) un bon pain

3 **Mettez les mots entre parenthèses au comparatif.**

1) Paul est (gentil +) que Jean.

2) En France, il pleut (souvent -) qu'en Angleterre.

3) Elle a (beaucoup =) de livres que lui.

4) Ce livre-ci est (bon +) que ce livre-là.

5) Il parle (bien +) le français que l'anglais.

4 **Mettez les mots entre parenthèses au superlatif.**

1) La Russie est le pays (grand +) du monde.

2) Cette chambre est la pièce (claire -).

3) Il est mon (bon +) ami.

4) Elle chante (bien +) de sa classe.

5) J'aime (beaucoup +) la cuisine française.

8 QUELLE HEURE EST-IL ?

GRAMMAIRE

- Le verbe pronominal
- Le verbe *se laver*
- L'adverbe interrogatif *où*
- La phrase négative
- Les réponses à la question négative
- Le verbe *s'en aller*

Quelle heure est-il ?

Michel : Maman, quelle heure est-il ?

Mme Lebrun : Il est sept heures. C'est l'heure de te lever.

Michel : Entendu ! Je vais dans la salle de bains pour me laver.

Mme Lebrun : Moi, je prépare le petit-déjeuner.

Michel est devant le lavabo. Il se brosse les dents. Il se regarde dans la glace et il se rase. Maintenant, il se lave le visage.

Michel : Maman, où est ma serviette de toilette ?

Mme Lebrun : Elle est sur la chaise près de la porte. Tu es prêt ?

Michel : Non, pas encore. Je me peigne et m'habille.

Mme Lebrun : À table. Ton petit-déjeuner est prêt.

Michel : J'arrive. Je ne prends qu'un café au lait.

Mme Lebrun : Tu ne manges pas de pain, ni de beurre, ni de confiture ?

Michel : Non, je n'ai pas le temps. Je m'en vais. À ce soir, maman !

Mme Lebrun : Bonne journée, mon fils !

Le verbe pronominal : se + inf.

se laver			
je	**me** lave	nous	**nous** lavons
tu	**te** laves	vous	**vous** lavez
il/elle	**se** lave	ils/elles	**se** lavent

Check !

Il se lave les mains.

Elle se promène dans un parc.

Ils s'aiment.

L'adverbe interrogatif *où*

Où est la poste ?   – Elle est en face de la gare.

Où sont les étudiants ?   – Ils sont dans la salle de cours.

La phrase négative :

• **verbe transitif + négation + article indéfini / article partitif**

J'ai **un** vélo.	→	Je **n'**ai **pas de** vélo.
Nous achetons **des** livres.	→	Nous **n'**achetons **pas de** livres.
Elle mange **du** pain.	→	Elle **ne** mange **pas de** pain.
Il boit **de la** bière.	→	Il **ne** boit **pas de** bière.

• **verbe transitif + négation + article défini**

J'aime **le** sport.	→	Je **n'**aime **pas le** sport.
Elle regarde **la** télé.	→	Elle **ne** regarde **pas la** télé.

Les réponses à la question négative

Tu n'as pas faim ?

– **Si**, j'ai faim.

– **Non**, je n'ai pas faim.

s'en aller			
je	**m'en** vais	nous	**nous en** allons
tu	**t'en** vas	vous	**vous en** allez
il/elle	**s'en** va	ils/elles	**s'en** vont

• **Quelle heure est-il ?**

Il est huit heures.	Il est neuf heures dix.
Il est dix heures et quart.	Il est onze heures et demie.
(= Il est dix heures quinze.)	(= Il est onze heures trente.)
Il est quinze heures moins dix.	Il est seize heures moins le quart.
(= Il est quatorze heures cinquante.)	(= Il est quinze heures quarante cinq.)
Il est midi.	Il est minuit.

• **C'est l'heure de + inf.**

C'est l'heure de déjeuner.

C'est l'heure de dormir.

• **Les parties du corps**

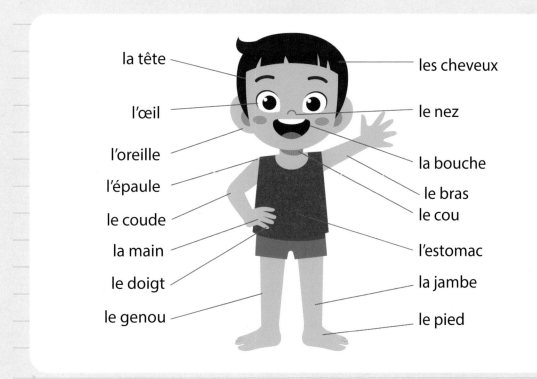

la tête — les cheveux
l'œil — le nez
l'oreille — la bouche
l'épaule — le bras
le coude — le cou
la main — l'estomac
le doigt — la jambe
le genou — le pied

• près de (≠ loin de)

L'hôtel est près de la gare.

L'école est près de ma maison.

• être prêt(e)(s)

Tu es prêt ?

– Oui, je suis prêt.

Elle est prête ?

– Non, elle n'est pas prête.

• ne ... que (= seulement)

Je n'ai que dix euros.

On ne pense qu'à l'argent.

• ne ... ni ... ni

Il n'est ni beau ni laid.

Elle ne boit ni café ni thé.

Le français dans le monde

En Europe, on parle français dans quatre pays : en France, en Belgique, en Suisse et au Luxembourg. On parle français dans ces quatre pays mais de manières différentes et avec des accents différents. Pourtant, ces différences n'empêchent pas la communication. Pour des raisons historiques (immigrations, colonisations) le français est également parlé en Afrique du Nord et de l'Ouest, en Asie du Sud-Est et en Amérique du Nord.

1 Quelle heure est-il ?

2 Complétez les phrases avec les verbes donnés.

1) Il _____ tôt le matin. (se lever)

2) Elle _____ à la mode. (s'habiller)

3) Vous _____ à quelle heure ? (se coucher)

4) Nous ne _____ pas souvent. (se voir)

5) Tu _____ comment ? (s'appeler)

3 Mettez les phrases à la forme négative.

1) Il a une voiture.

2) Nous buvons de l'eau.

3) Vous avez de la chance.

4) Elle aime la musique.

5) J'ai de l'argent.

6) Il y a des nuages dans le ciel.

4 Conjuguez le verbe *s'en aller*.

1) je _____   2) tu _____

3) il _____   4) elle _____

5) nous _____   6) vous _____

7) ils _____   8) elles _____

5 Associez les mots aux numéros.

les cheveux

l'œil

l'estomac

la main

la tête

le pied

la jambe

9 LA JOURNÉE DE MADAME LEBRUN

GRAMMAIRE

- Les pronoms interrogatifs
- L'adjectif *tout*
- Le pronom *tout*
- Le futur simple

La journée de Madame Lebrun

Mme Durand : Bonjour, Madame Lebrun ! Qu'est-ce que vous ferez ce matin ?

Mme Lebrun : Comme tous les matins, je laverai les tasses du petit-déjeuner. Ensuite, je rangerai la maison et nettoierai la cuisine.

Mme Durand : Vous n'avez pas de femme de ménage ?

Mme Lebrun : Si, elle viendra à dix heures.

Mme Durand : Qu'est-ce que vous ferez cet après-midi ?

Mme Lebrun : D'abord, je ferai les courses au supermarché. Ensuite, je verrai une amie et nous irons au cinéma.

Mme Durand : Vous aurez le temps de faire tout ça ?

Mme Lebrun : Mais oui. Et je serai à la maison avant cinq heures. Je préparerai le dîner. Mon mari rentrera à sept heures du soir et nous dînerons tous ensemble.

Mme Durand : Vous ne sortirez pas après le dîner ?

Mme Lebrun : Non, nous regarderons la télévision ou nous lirons les journaux.

Mme Durand : Eh bien, bonne journée !

Mme Lebrun : Merci ! Vous aussi.

Les pronoms interrogatifs

Qui parle ? (= **Qui est-ce qui** parle ?)

Qui regardez-vous ? (= **Qui est-ce que** vous regardez ?)

Qu'est-ce qui se passe ?

Que fais-tu ? (= **Qu'est-ce que** tu fais ?)

L'adjectif *tout*

tout	toute
tous	toutes

tout le monde   **toute** la nuit

tous les jours   **toutes** les fleurs

Le pronom *tout*

tout	
tous	toutes

C'est **tout**.

Bonjour à **tous** !   Elles sont **toutes** coréennes.

Le futur simple

1er groupe	2e groupe	être	
je parler**ai**	je finir**ai**	je ser**ai**	nous ser**ons**
tu parler**as**	tu finir**as**	tu ser**as**	vous ser**ez**
il/elle parler**a**	il/elle finir**a**	il ser**a**	ils ser**ont**
nous parler**ons**	nous finir**ons**	**avoir**	
vous parler**ez**	vous finir**ez**	j'aur**ai**	nous aur**ons**
ils/elles parler**ont**	ils/elles finir**ont**	tu aur**as**	vous aur**ez**
		il aur**a**	ils aur**ont**

ATTENTION !

aller : **ir-**   faire : **fer-**
venir : **viendr-**   voir : **verr-**

- **ce(cet), cette, ces**

  ce matin, cet après-midi, ce soir, cette nuit, ces jours-ci

- **comme**

  Je pense comme toi.

  Tout est blanc comme la neige.

- **faire le ménage**

  faire la vaisselle, ranger la maison

  nettoyer la chambre, faire les courses

- **d'abord, ensuite**

  D'abord, je finirai mes devoirs.

  Ensuite, je sortirai pour me promener.

- **aller à**

  Où vas-tu ? – Je vais à l'école (au cinéma, à la montagne).

- **avoir le temps de + inf.**

  Les enfants ont le temps de s'amuser.

  Je n'ai pas le temps de me reposer.

- **ça (= cela)**

  Le café, j'aime beaucoup ça.

  Ça, c'est vrai ?   – Oui, c'est ça.

- **avant / après**

  Je me lave les mains avant le repas.

  Il se promènera avec son chien après le déjeuner.

- **tous ensemble**

  Ils chantent tous ensemble.

  Nous partirons en voyage tous ensemble.

- **bonne journée**

  Passez une bonne journée.

  Je vous souhaite une bonne journée.

La Fête de la musique

Mise en place en 1982 par Jack Lang, ministre de la Culture, cette fête a lieu chaque année le 21 juin. Aujourd'hui, elle existe dans 110 pays sur les cinq continents, dans plus de 340 villes du monde, mais c'est en France que la Fête de la musique connaît le plus grand succès populaire. Depuis sa création 10% des Français y ont participé en tant que musiciens ou chanteurs et 75% en tant que spectateurs.

1 Complétez les phrases avec des pronoms interrogatifs.

1) _____ êtes-vous ?

– Je suis François Durand.

2) _____ tu regardes ?

– Je regarde mon professeur.

3) _____ ne va pas ?

– Il est gravement malade.

4) _____ désirez-vous ?

– Une baguette et deux croissants, s'il vous plaît.

5) _____ aimes-tu comme peintre français ?

– J'aime Claude Monet.

2 Complétez les phrases avec l'adjectif *tout*.

1) Il pleut _____ le jour.

2) Je vais à l'église _____ les dimanches.

3) Ils chantent et dansent _____ la nuit.

4) Elle achète des fleurs de _____ les couleurs.

3 Complétez les phrases avec le pronom *tout*.

1) _____ va bien.

2) Les étudiants viennent _____ ensemble.

3) Les actrices sont _____ françaises.

4) _____ est fini entre nous.

4 Mettez les phrases au futur simple.

1) Tu poses une question au professeur.

2) Je vais à l'université demain.

3) Elle est très charmante.

4) Nous n'avons pas de chance.

5) Il reste chez lui ce week-end.

6) Ils viennent au restaurant en retard.

5 Mettez les phrases au futur simple de la forme négative avec les verbes donnés.

1) Michel (mettre) ces vêtements.

2) Je (prendre) un café.

3) Nous (voir) un film.

4) Sophie (finir) son travail.

5) Vous (faire) un voyage.

6) Ils (boire) du jus d'orange.

10 LES VACANCES SUR LA CÔTE D'AZUR

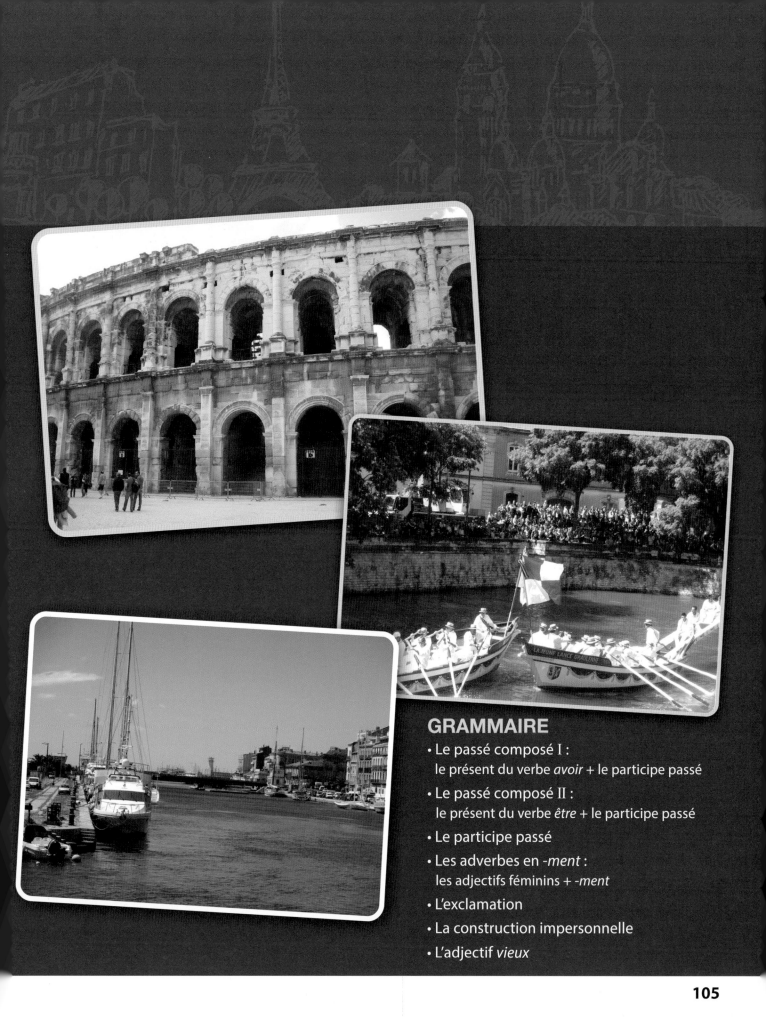

GRAMMAIRE

- Le passé composé I :
  le présent du verbe *avoir* + le participe passé

- Le passé composé II :
  le présent du verbe *être* + le participe passé

- Le participe passé

- Les adverbes en *-ment* :
  les adjectifs féminins + *-ment*

- L'exclamation

- La construction impersonnelle

- L'adjectif *vieux*

Les vacances sur la Côte d'Azur

Michel : Tu as passé de bonnes vacances ?

Sophie : Oui, merveilleuses ! Je suis partie en vacances sur la Côte d'Azur avec mes parents. La maison de mes grands-parents est là-bas.

Michel : Ah oui ? La Côte d'Azur est une très belle région. La maison de tes grands-parents est grande ?

Sophie : Oui, c'est une maison de cinq pièces avec une cour devant et un grand jardin derrière. Dans la cour, il y a un chien blanc et un chat noir.

Michel : Tu t'es bien amusée là-bas ?

Sophie : Mais oui. Nous sommes allés à la plage pour nous baigner et nous bronzer au soleil. Et nous nous sommes promenés dans un vieux quartier, ensuite nous avons visité quelques musées. Enfin, nous sommes très contents de nos vacances sur la Côte d'Azur. Et toi, tu n'es pas parti en vacances ?

Michel : Eh bien, non. Malheureusement, j'ai dû beaucoup travailler pour mes examens. Alors, je n'ai pas bien dormi ces jours-ci.

Sophie : Quel dommage ! Tu as l'air très fatigué. Il faut absolument te reposer.

Le passé composé I

le présent du verbe *avoir* + le participe passé

Il **a fini** son travail.

Il n'**a** pas **fini** son travail.

A-t-il **fini** son travail ?

Le passé composé II

le présent du verbe *être* + le participe passé

• Verbes de mouvement :

aller/venir, entrer/sortir, partir/arriver, monter/descendre, rester/tomber, etc.

Il **est parti**.	Elle **est partie**.
Il n'**est** pas **parti**.	Elle n'**est** pas **partie**.
Est-il **parti** ?	**Est**-elle **partie** ?

• Verbes pronominaux : se laver, se lever, s'écrire, se promener, etc.

Il **s'est lavé**.	Elle **s'est lavée**.
Il ne **s'est** pas **lavé**.	Elle ne **s'est** pas **lavée**.
S'est-il **lavé** ?	**S'est**-elle **lavée** ?

ATTENTION !

Elle **s'est lavé** les mains.
Ils **se sont écrit** des lettres.

Le participe passé

- Verbes du 1er groupe : -er → **é**

  parler → parl**é**   aimer → aim**é**

- Verbes du 2e groupe : -ir → **i**

  finir → fin**i**   choisir → chois**i**

Check !

être - **été**	avoir - **eu**
faire - **fait**	devoir - **dû**
pouvoir - **pu**	prendre - **pris**
mettre - **mis**	voir - **vu**
savoir - **su**	vouloir - **voulu**, etc.

Les adverbes en *-ment*

adjectifs féminins + *-ment*

lourd - lourde   → **lourdement**

heureux - heureuse   → **heureusement**

Check !

vraiment, poliment, absolument, etc.

L'exclamation

Quel dommage !   **Quelle** surprise !

Comme il fait beau ! (= **Qu'**il fait beau !)

La construction impersonnelle

Il y a beaucoup de monde.

Il y a un accident de voiture.

Il faut de la patience.

Il faut manger pour vivre.

Que **se passe**-t-**il** ?

L'adjectif *vieux*

un **vieux** château   une **vieille** ville

ATTENTION !

vieux + voyelle ou h muet → **vieil**
un **vieil** ami
un **vieil** homme

• de + pluriel de l'adjectif + pluriel du nom

de bons vins

de bonnes vacances

Mais : des jeunes filles, des jeunes gens

• partir en vacances

Il est parti en vacances en famille.

Elles sont parties en vacances pour une semaine.

• ces jours-ci

Ces jours-ci, il pleut beaucoup.

Comment ça va ces jours-ci ?

• avoir l'air (= sembler, paraître)

Ça a l'air bon.

Il a l'air riche.

• Il faut + inf.

Il faut partir maintenant.

Il faut travailler beaucoup.

• Les couleurs

blanc

jaune

orange

rouge

rose

violet

vert

bleu

marron

gris

noir

• Ma Famille

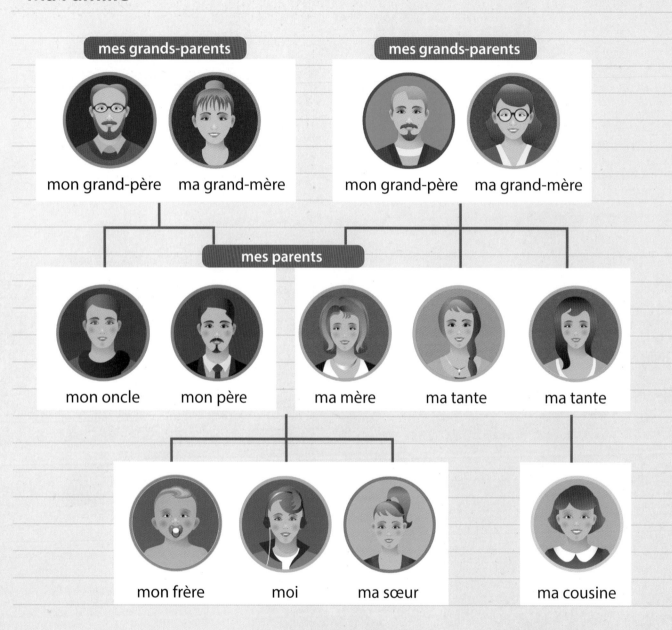

La Nuit Blanche

Depuis 2002, la ville de Paris organise tous les ans la Nuit Blanche, un parcours nocturne consacré à l'art contemporain. La Nuit Blanche propose au public d'entrer gratuitement dans des musées, des institutions culturelles et autres espaces publics ou privés durant toute une nuit. Ces lieux sont utilisés pour des installations ou des performances artistiques. Le but de cette manifestation est de rendre l'art accessible à tous, de mettre en valeur les espaces urbains et de créer un moment de convivialité.

EXERCICE

1 **Mettez les phrases au passé composé.**

1) Je mange des pommes.

2) Elle finit ses devoirs avant le dîner.

3) Tu parles avec tes amis.

4) Il quitte la maison à 8 heures.

5) Ils choisissent un programme.

6) Nous dînons à 20 heures.

2 **Complétez avec les verbes donnés au passé composé.**

1) Elle _____ à Paris en été dernier. (aller)

2) Les étudiants _____ dans la salle de cours. (entrer)

3) Il _____ du métro. (descendre)

4) Ces jeunes filles _____ tôt ce matin. (se lever)

5) Ils _____ tard à la maison hier soir. (rentrer)

6) La femme _____ le visage. (se laver)

3 **Écrivez les participes passés des verbes suivants.**

1) donner

2) être

3) entendre

4) mettre

5) devoir

6) choisir

4 **Faites les adverbes correspondant aux adjectifs suivants.**

1) lent

2) doux

3) généreux

4) vrai

5) facile

6) gentil

11 QU'EST-CE QU'ON VA FAIRE CE SOIR ?

GRAMMAIRE

- Le présent progressif :
  être en train de + inf.

- Le futur proche : *aller* + inf.

- Le passé récent : *venir de* + inf.

- L'impératif

- Le conditionnel présent

Qu'est-ce qu'on va faire ce soir ?

Michel : Salut ! Tu seras libre ce soir ?

Sophie : Salut ! Je finis mon cours vers dix-sept heures trente. Pourquoi ?

Michel : Parce que je vais faire une soirée chez moi.

       Alors, on pourrait se voir ce soir ?

Sophie : Bien sûr. À quelle heure on se retrouve ?

Michel : Viens chez moi dès que tu termines ton cours.

Sophie : D'accord. Qui d'autre va venir à la soirée ?

Michel : Je viens d'appeler Min-Ji aussi. Elle est en train de sortir du travail.

       Elle va venir directement chez moi. Appelle aussi tes amis, si tu veux.

Sophie : Eh bien, alors je vais appeler tous mes camarades.

Michel : Très bien. Envoie un texto avant d'arriver.

Sophie : O.K. À tout à l'heure !

Michel : À tout à l'heure !

Soirée Beaujolais

Le présent progressif

être en train de + inf.

Je **suis en train de** travailler.

Il **est en train de** se laver.

Vous **êtes en train de** prendre un café.

Le futur proche

aller + inf.

Le train **va** arriver.

Je **vais** aller me coucher.

Vous **allez** partir ?

Le passé récent

venir de + inf.

Je **viens de** manger.

Nous **venons de** rentrer de l'école.

Il **vient d'**appeler sa copine.

L'impératif

sujet + (ne) + verbe + (pas)

• 2ᵉ personne du singulier

verbe : la terminaison des verbes en *-er* → *-e*

les autres verbes se terminent en *-s*

parler	- *tu parl**es***	→	Parl**e**	Ne parl**e** pas
finir	- *tu fini**s***	→	Fini**s**	Ne fini**s** pas
dormir	- *tu dor**s***	→	Dor**s**	Ne dor**s** pas

• 1ʳᵉ personne du pluriel

verbe : la terminaison des verbes en *-er*, *-re* et les verbes irréguliers → *-ons*

les verbes en *-ir* du deuxième groupe → *-issons*

manger	- *nous mange**ons***	→	Mange**ons**	Ne mange**ons** pas
choisir	- *nous chois**issons***	→	Chois**issons**	Ne chois**issons** pas
vendre	- *nous vend**ons***	→	Vend**ons**	Ne vend**ons** pas

• 2ᵉ personne du pluriel

verbe : la terminaison des verbes en *-er*, *-re* et les verbes irréguliers → *-ez*

les verbes en *-ir* du deuxième groupe → *-issez*

écouter	- *vous écout**ez***	→	Écout**ez**	N'écout**ez** pas
grossir	- *vous gross**issez***	→	Gross**issez**	Ne gross**issez** pas
lire	- *vous lis**ez***	→	Lis**ez**	Ne lis**ez** pas

ATTENTION !

Certains verbes ont un impératif irrégulier

Infinitif	Impératif
aller	va, allons, allez
avoir	aie, ayons, ayez
être	sois, soyons, soyez
savoir	sache, sachons, sachez
vouloir	veuille, veuillons, veuillez

• **Les verbes pronominaux**

l'impératif positif : verbe pronominal + '-' + pronom réfléchi

l'impératif négatif : *ne* + pronom réfléchi + verbe pronominal + *pas*

se lever	- **Lève-toi**	Ne **te lève** pas
	- **Levons-nous**	Ne **nous levons** pas
	- **Levez-vous**	Ne **vous levez** pas
s'habiller	- **Habille-toi**	Ne **t'habille** pas
	- **Habillons-nous**	Ne **nous habillons** pas
	- **Habillez-vous**	Ne **vous habillez** pas

Le conditionnel présent

Forme du conditionnel présent :		
radical du futur + *ais, ais, ait, ions, iez, aient*		
acheter	**venir**	**être**
J'achèterais	Je viendrais	Je serais
Tu achèterais	Tu viendrais	Tu serais
Il/Elle achèterait	Il/Elle viendrait	Il/Elle serait
Nous achèterions	Nous viendrions	Nous serions
Vous achèteriez	Vous viendriez	Vous seriez
Ils/Elles achèteraient	Ils/Elles viendraient	Ils/Elles seraient

- **Forme de politesse / le souhait**

  Je **voudrais** un café, s'il vous plaît.

  Tu **pourrais** venir ce soir ?

  J'**aimerais** habiter dans une grande ville.

- **Incertitude, éventualité**

  Le ciel est gris, il **pourrait** pleuvoir ce soir.

  Un accident **aurait** lieu s'il y a beaucoup de monde dans la rue.

envoyer			
j'	**envoie**	nous	**envoyons**
tu	**envoies**	vous	**envoyez**
il/elle	**envoie**	ils/elles	**envoient**

• Pourquoi / Parce que

Pourquoi tu m'as appelé ?

– Parce que j'ai besoin de ton aide.

Pourquoi tu vas aller en France ?

– Parce que je vais faire mes études à Paris.

• être libre

Vous pouvez venir avec vos enfants, s'ils sont libres.

Tu es libre ce soir ?

• il y a *vs* dans + la durée par rapport au moment de parler

Je suis allée chez mes parents il y a une semaine.

Je vais aller chez mes parents dans une semaine.

Tous mes amis sont partis il y a 5 minutes.

Tous mes amis vont partir dans 5 minutes.

• être d'accord avec qch / qn

On est d'accord avec ce résultat.

Je suis d'accord avec toi.

Tu peux venir chez moi ?

– D'accord.

• avant *vs* après + la durée par rapport au moment spécifié

On est arrivés chez nous avant minuit.

Il va partir après le déjeuner.

Elle s'est endormie avant six heures.

Je vais me préparer après six heures.

• avant de + inf.

Lave-toi les mains avant de manger.

Prenez le petit-déjeuner avant d'aller au travail.

• après + avoir/être + participe passé

Après avoir dîné, allons au cinéma.

Après s'être habillées, elles se sont maquillées.

• dès que

Dès que tu rentres chez toi, appelle-moi.

Elle sortira de la fac dès que son cours termine.

• tout à l'heure

Tu as vu Sophie ?

– Oui, je l'ai vue tout à l'heure à la fac.

On peut se voir dans deux heures ?

– D'accord. À tout à l'heure !

Paris est comme un escargot !

Paris compte 20 arrondissements. Observez le plan : le 1er arrondissement se situe «au cœur» de Paris. Pourquoi ? Parce que Paris est né sur l'île de la Cité (Paris s'appelle alors Lutèce). Puis la ville grandit, petit à petit, autour de ce centre. À partir de 1860, Paris compte 20 arrondissements, numérotés en spirale. Pour situer un lieu à Paris, les Parisiens citent souvent la rive de la Seine (rive droite, rive gauche), l'arrondissement et, pour être plus précis, la station de métro. Ils disent, par exemple : «La tour Eiffel se trouve rive gauche, dans le 7e, métro Bir-Hakeim».

Paris

125

1 **Reliez les éléments pour faire des phrases au futur proche.**

1) Jean   a. ne vont pas travailler à la bibliothèque.

2) Les étudiants   b. allez aller en France cet hiver ?

3) Tes parents et toi   c. vais me laver les mains.

4) Je   d. va se reposer ce soir.

5) Tu   e. vas partir quand ?

2 **Conjuguez les verbes au passé récent pour compléter les phrases.**

> terminer - se voir - se doucher - envoyer - prendre

1) Je _____ .

2) Il _____ un message à sa copine.

3) Nous _____ nos devoirs.

4) Ils _____ le bus.

5) Mes amis et moi _____ dans un café.

3 **Mettez les phrases au présent progressif.**

1) Je téléphone à ma mère.

2) Nous finissons d'écrire cette lettre.

3) Aurélie et son copain voyagent ensemble.

4) Alex regarde une vidéo sur YouTube.

5) Vous allez à la réunion ?

4 **Mettez les phrases à la forme négative.**

1) Entrez.

2) Achète ce livre.

3) Viens ici.

4) Levez-vous tout de suite.

5) Réservons une table au restaurant.

5 **Formulez des souhaits, des demandes polies ou des éventualités.**

1) On _____ (vouloir) un café au lait, s'il vous plaît.

2) Je _____ (pouvoir) payer en espèces ?

3) À minuit, elle _____ (se coucher) déjà.

4) Elles _____ (aimer) voyager cet été.

5) Il n'y a personne. L'enfant _____ (avoir) peur.

6) Vous _____ (finir) le travail avant mon retour.

GRAMMAIRE

- Les pronoms compléments d'objet direct (COD)
- Les prénoms compléments d'objet indirect (COI)
- Les pronoms doubles
- Le subjonctif

Min-Ji ? Je la connais !

Mme Lebrun : Bonsoir. Ça fait longtemps qu'on ne s'est pas vues.

Mme Martin : Bonsoir. Oui, c'est vrai. Vous allez bien ? Et votre famille aussi ?

Mme Lebrun : Tout le monde va très bien. Merci. Et vous ? M. Martin va mieux ?

Mme Martin : Oui, ça va beaucoup mieux. Merci. Et votre fils, j'espère qu'il se porte bien aussi. Il habite toujours avec vous ?

Mme Lebrun : Non, il habite maintenant près de sa fac. Je lui téléphone souvent et il vient nous voir tous les samedis. La semaine dernière, il est venu avec sa copine Min-Ji. Elle est très charmante. Je l'aime bien.

Mme Martin : Min-Ji ? Je la connais ! Je l'ai rencontrée à l'église. C'est vrai qu'elle est charmante et intelligente. Je lui ai demandé de venir chez moi un jour pour bavarder en coréen. Vous savez, j'apprends le coréen depuis un an.

Mme Lebrun : Oui, je me souviens. Eh bien, il faut que vous veniez chez moi ce week-end ! Je leur ai dit de revenir ce week-end. Je veux qu'on se voie tous ensemble !

Mme Martin : Oui, avec plaisir. J'ai hâte de les voir. Je vous remercie pour votre invitation ! Je vous apporte quelque chose à manger ?

Mme Lebrun : C'est très gentil ! On pourrait plutôt faire les courses ensemble ?

Mme Martin : Bonne idée ! Je vais vous aider pour que vous puissiez bien préparer à manger.

Mme Lebrun : C'est d'accord.

Les pronoms compléments d'objet direct (COD)

Forme : sujet + (ne) + COD + verbe + (pas)

1re personne du singulier	me, m'
2e personne du singulier	te, t'
3e personne du maculin singulier	le, l'
du féminin singulier	la, l'
1re personne du pluriel	nous
2e personne du pluriel	vous
3e personne du masculin/féminin pluriel	les

Check !

Je connais <u>Michel</u>.
→ Je **le** connais.
Je connais <u>Sophie</u>.
→ Je **la** connais.
<u>Michel et Sophie</u>, je **les** connais et je **les** vois souvent.
J'aime bien <u>Min-Ji</u>.
→ Je **l'**aime bien.
Il **me** regarde.   Il **te** regarde.
Je **t'**aime.   Je **vous** aime.

Les pronoms compléments d'objet indirect (COI)

Forme : sujet + (ne) + COI + verbe + (pas)

1re personne du singulier	me, m'
2e personne du singulier	te, t'
3e personne du masculin/féminin singulier	lui
1re personne du pluriel	nous
2e personne du pluriel	vous
3e personne du masculin/féminin pluriel	leur

Check !

Il téléphone <u>à moi</u>.
→ Il **me** téléphone.
Elle donne un cadeau <u>à toi</u>.
→ Elle **te** donne un cadeau.
On écrit une lettre <u>à lui/à elle</u>.
→ On **lui** écrit une lettre.
J'offre des fleurs <u>à eux/à elles</u>.
→ Je **leur** offre des fleurs.

ATTENTION À L'IMPÉRATIF !

Tu <u>lui</u> donnes son numéro. → Donne-**lui** son numéro.
Vous lisez <u>ce livre</u>. → Lisez-**le**.

Ne mangez pas <u>ce pain</u>. → Ne **le** mangez pas.
Ne téléphone pas <u>à Sophie</u>. → Ne **lui** téléphone pas.

Les pronoms doubles

• **sujet + (ne) + pronoms indirects + pronoms directs + verbe + (pas)**

Elle me montre ses amis.   → Elle **me les** montre.

Il te donne un cadeau.   → Il **te le** donne.

• **sujet + (ne) + pronoms directs + pronoms indirects + verbe + (pas)**

  : à la 3ᵉ personne

Il montre ses photos à ses parents.   → Il **les leur** montre.

J'enseigne le français à mes élèves.   → Je **le leur** enseigne.

ATTENTION AU TEMPS COMPOSÉ !

Sophie a prêté <u>ses chaussures</u> <u>à sa grande sœur</u>.
→ Sophie **les lui** a prêt**es**.

Michel a montré <u>ses photos</u> <u>à moi</u>.
→ Michel **me les** a montr**es**.

Min-Ji a pu donner <u>un cadeau</u> <u>à ses parents</u>.
→ Min-Ji a pu **le leur** donner.

Le subjonctif

Verbes en **-er**, **-ir** à l'infinitif	
radical de la 3ᵉ personne du pluriel présent + *e, es, e, ions, iez, ent*	
aimer	**finir**
que j'aime	que je finisse
que tu aimes	que tu finisses
qu'il/qu'elle aime	qu'il/qu'elle finisse
que nous aimions	que nous finissions
que vous aimiez	que vous finissiez
qu'ils/qu'elles aiment	qu'ils/qu'elles finissent

• Beaucoup de verbes ont des formes irrégulières

que + être - que je sois, que tu sois, qu'il/qu'elle soit, que nous soyons, que vous soyez, qu'ils/qu'elles soient

que + avoir - que j'aie, que tu aies, qu'il/qu'elle ait, que nous ayons, que vous ayez, qu'ils/qu'elles aient

que + faire - que je fasse, que tu fasses, qu'il/qu'elle fasse, que nous fassions, que vous fassiez, qu'ils/qu'elles fassent

que + vouloir - que je veuille, que tu veuilles, qu'il/qu'elle veuille, que nous voulions, que vous vouliez, qu'ils/qu'elles veuillent

que + pouvoir - que je puisse, que tu puisses, qu'il/qu'elle puisse, que nous puissions, que vous puissiez, qu'ils/qu'elles puissent

que + aller - que j'aille, que tu ailles, qu'il/qu'elle aille, que nous allions, que vous alliez, qu'ils/qu'elles aillent

que + savoir - que je sache, que tu saches, qu'il/qu'elle sache, que nous sachions, que vous sachiez, qu'ils/qu'elles sachent

I. Quelques verbes introduisent le mode subjonctif

vouloir que, aimer que, souhaiter que, douter que

Il faut que, Il suffit que, Il vaut mieux que, C'est dommage que

Il est possible/difficile/important/nécessaire que

avoir peur/honte/besoin/envie que

être content/heureux/triste/désolé/surpris que

Il faut que j'aille chercher mon ami à la gare.

Je **voudrais que** vous m'aidiez.

Il est possible qu'il soit là.

Nous **avons envie qu'**elle fasse la vaisselle.

Je **suis heureuse que** vous soyez avec moi.

ATTENTION !

espérer que + indicatif
Je veux qu'il ne pleuve pas ce soir.
J'ai envie qu'il ne pleuve pas ce soir.
J'**espère qu'**il ne pleuvra pas ce soir.

ATTENTION À LA DIFFÉRENCE !

Je **suis content d'**habiter à Paris.
Je suis content que j'habite à Paris. (x)
Je **suis content que** vous habitiez à Paris.

J'**ai peur de** vivre à l'étranger.
J'ai peur que je vive à l'étranger. (x)
J'**ai peur qu'**il vive à l'étranger.

II. Certaines propositions adverbiales introduisent le mode subjonctif

bien que, pour que, afin que, sans que, avant que

Bien qu'elle soit gentille, je ne veux pas la rencontrer.

Je dois gagner beaucoup d'argent **pour que** ma famille achète une nouvelle maison.

Nous devons nous entraîner **afin que** nous réussissions au concours.

Les enfants doivent rentrer **avant qu'**il soit trop tard.

apprendre			
j'	**apprends**	nous	**apprenons**
tu	**apprends**	vous	**apprenez**
il/elle	**apprend**	ils/elles	**apprennent**

se souvenir			
je	**me souviens**	nous	**nous souvenons**
tu	**te souviens**	vous	**vous souvenez**
il/elle	**se souvient**	ils/elles	**se souviennent**

connaître			
je	**connais**	nous	**connaissons**
tu	**connais**	vous	**connaissez**
il/elle	**connaît**	ils/elles	**connaissent**

- **Certains verbes avec deux compléments d'objet**

  dire, donner, montrer, prêter, chanter, acheter, etc. + qch à qn

  Je donne un cadeau à mon ami.

  Il m'a prêté son vélo.

  Michel achète des fleurs à Min-Ji.

- **longtemps**

  Il parle très longtemps.

  Je peux dormir pendant longtemps.

  J'attends mon médecin depuis longtemps.

- **Ça fait ... que**

  Ça fait sept ans que j'habite à Paris.

  Ça fait longtemps qu'on ne s'est pas vus.

- **plutôt**

  Venez plutôt ce samedi.

  Sophie est plutôt jolie.

- **tous les + nom au pluriel = chaque + nom au singulier**

  Il me téléphone tous les jours.

  = Il me téléphone chaque jour.

  Ma famille va à l'église tous les dimanches.

  = Ma famille va à l'église chaque dimanche.

  Il est absent toutes les fois.

  = Il est absent chaque fois.

- **avoir envie de + nom / inf.**

  J'ai envie de ce gâteau.

  J'ai envie de manger ce gâteau.

  Il a envie d'une grande voiture.

  Il a envie d'avoir une grande voiture.

- **avoir hâte de + inf. / avoir hâte que + sub.**

  J'ai hâte de te revoir.

  Nous avons hâte qu'elle revienne.

- **quelque chose à + inf. / quelque chose de + adjectif**

  Vous voulez quelque chose à manger ?

  Avez-vous quelque chose à me dire ?

  Y a-t-il quelque chose d'intéressant ?

  Je cherche quelque chose de nouveau.

- ## demander à qn de + inf.

  Il demande à sa femme d'acheter de bons vins.

  Le professeur demande aux étudiants d'arriver à l'heure.

- ## C'est vrai que + ind. (= Il est vrai que + ind.)

  C'est vrai qu'il est honnête.

  C'est vrai que mes voisins sont gentils.

- ## Il faut que + sub.

  Il faut que je parte tôt demain matin.

  Il faut que tu reviennes ici ce soir.

- ## pour que + sub.

  Travaille bien pour que tes parents soient contents de toi.

  Le professeur parle lentement pour que les étudiants puissent bien comprendre.

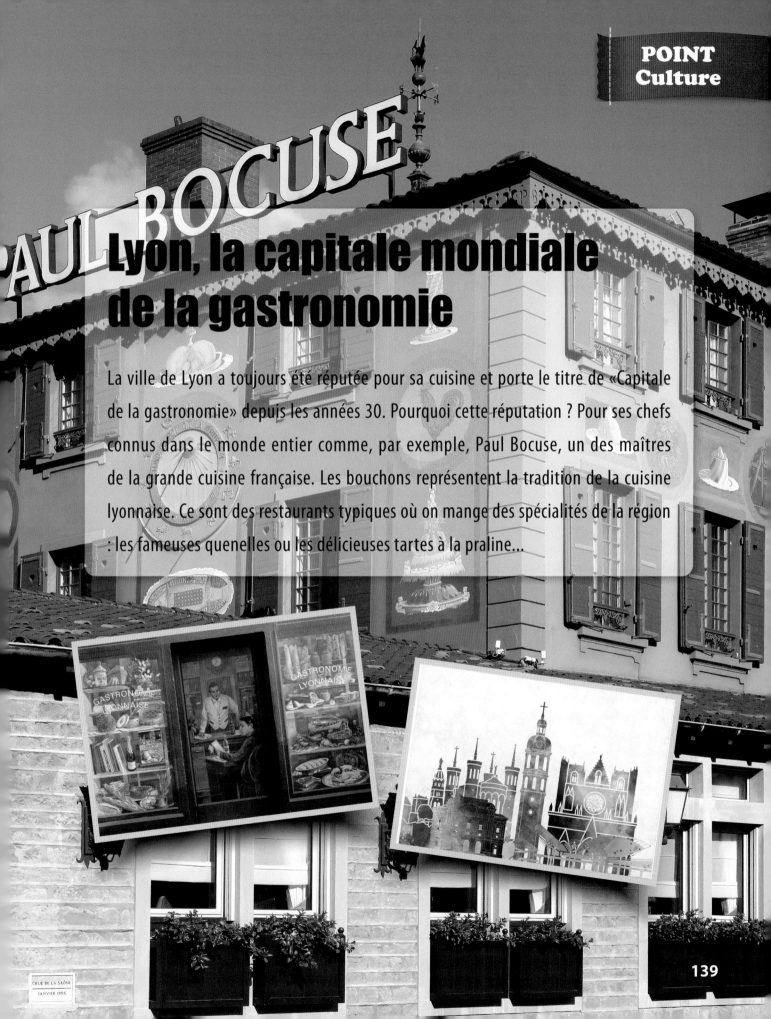

Lyon, la capitale mondiale de la gastronomie

La ville de Lyon a toujours été réputée pour sa cuisine et porte le titre de «Capitale de la gastronomie» depuis les années 30. Pourquoi cette réputation ? Pour ses chefs connus dans le monde entier comme, par exemple, Paul Bocuse, un des maîtres de la grande cuisine française. Les bouchons représentent la tradition de la cuisine lyonnaise. Ce sont des restaurants typiques où on mange des spécialités de la région : les fameuses quenelles ou les délicieuses tartes à la praline...

1 **Complétez avec les pronoms COI.**

> Exemple Sophie, je _____ parle. → Sophie, je <u>lui</u> parle.

1) Mes parents, je _____ écris chaque semaine.

2) Mon amie, je _____ parle tous les jours.

3) Mon frère, je _____ prête ma voiture.

4) Tes amis, ils _____ téléphonent souvent ?

2 **Complétez avec les pronoms COD.**

> Exemple Michel, je _____ connais. → Michel, je <u>le</u> connais.

1) Marie, je _____ vois chaque week-end.

2) Ses amis, il veut _____ rencontrer plus tôt.

3) Son numéro, je _____ ai oublié.

4) Toi et Michel, je _____ invite ce soir.

3 **Remettez les phrases dans l'ordre.**

1) apporte / un plat / leur / elle

2) achetons / des bonbons / nous / te

3) demande / vous / je / pardon

4) tu / dis / me / au revoir

5) leur / vous / le / montrez

4   **Modifiez les phrases au passé composé.**

1) Salut, Marie ! Je te donne mon numéro ?

2) Je vous demande pardon, à vous et à votre fille.

3) Cette moto ? Nous la lui achetons.

4) M. Lebrun, ma famille vous invite.

5) Sophie ? Nous l'appelons souvent.

5   **Mettez les phrases au subjonctif.**

1) Je suis heureux que tu _____ (venir) à Séoul.

2) Il faut que vous _____ (savoir) cette nouvelle.

3) Je doute fort qu'il _____ (réussir) à l'examen.

4) Je suis content que tu _____ (accepter) mon invitation.

5) C'est la plus belle maison que vous _____ (chercher) ?

6) Elles souhaitent que ses enfants _____ (chanter).

6   **Reliez les phrases.**

1) Je voudrais que tu   a. partions.

2) J'aimerais que vous   b. viennent.

3) Il faut que nous   c. sortiez.

4) Vous voulez que je   d. vienne.

5) Il vaut mieux qu'ils   e. rentres.

GRAMMAIRE

- Les pronoms relatifs : *qui, que*
- Les pronoms neutres : *en, y, le*

Aller au café de La Paix

Michel : Bonjour, madame ! Vous allez bien ?

Mme Martin : Bonjour, Michel. Je vais très bien. Merci. Et vous ?

Michel : Moi aussi. Ça va bien. Vous avez l'air très occupée. Où allez-vous ?

Mme Martin : Je vais au café de La Paix qui est près de chez moi. La semaine dernière, j'y ai rencontré Sophie qui a fait des études en Corée comme vous. Elle étudie aussi dans votre université. C'est votre amie ?

Michel : Bien sûr ! Elle l'est. Vous allez la voir maintenant ?

Mme Martin : Oui, j'ai pris rendez-vous avec elle. Je vais lui montrer quelques livres coréens que j'ai achetés hier. Elle va venir avec son amie Marie que vous ne connaissez pas. Vous avez envie de venir avec moi ?

Michel : Oui, pourquoi pas ? Sophie m'a souvent parlé d'elle, alors j'ai envie de la rencontrer. Allons-y.

Mme Martin : D'accord.

Les pronoms relatifs : *qui, que*

forme	fonction
qui	sujet
que	complément d'objet direct

• qui

(1) Je rencontre <u>Marie</u>. (2) <u>Marie</u> est étudiante.

→ (1+2) Je rencontre Marie **qui** est étudiante.

(3) Elle m'a donné des <u>livres</u>. (4) Ces <u>livres</u> sont très intéressants.

→ (3+4) Elle m'a donné des livres **qui** sont très intéressants.

• que

(5) Je lis un <u>roman</u>. (6) Ma grande sœur m'a donné ce <u>roman</u>.

→ (5+6) Je lis un roman **que** ma grande sœur m'a donné.

(7) Ce <u>magazine</u> féminin paraît tous les mois. (8) Elle lit ce <u>magazine</u>.

→ (7+8) Ce magazine féminin **qu'**elle lit paraît tous les mois.

ATTENTION !

pronoms relatifs *vs* pronoms interrogatifs
- **Qui** est cet acteur ?
- C'est un acteur **qui** n'est pas encore connu.

- **Que** manges-tu ?
- Tu manges le chocolat **que** j'ai acheté en Belgique.

Les pronoms neutres *en*, *y*, *le*

Forme : sujet + (ne) + *en*, *y*, *le* + verbe + (pas)

sujet + (ne) + se/s' + *en*, *y* + verbe + (pas)

- **en, pronom COD** remplace un nom précédé d'un article indéfini (*un, une, des*) ou d'un article partitif (*du, de l', de la, des*) ou d'un terme de quantité (*un peu de, assez de, beaucoup de, trop de*).

Tu connais **des chanteurs français** ? – Oui, j'**en** connais.

Vous voulez **du café** ? – Oui, merci, j'**en** veux bien.

Vous avez acheté **beaucoup de vêtements** ?

– Oui, j'**en** ai acheté beaucoup.

ATTENTION !

Je te donne mes robes.	→	Je **te les** donne.
Je te donne deux robes.	→	Je **t'en** donne deux.

• *en,* **pronom** **COI** remplace un nom ou un inf. rattaché au verbe par la préposition *de.*

Tu te souviens **de ton enfance** ?

– Non, je ne m'**en** souviens pas.

Avez-vous envie **d'aller au café** ?

– Oui, nous **en** avons envie.

• *y,* **pronom COI** remplace un nom de lieu.

Tu vas **à la bibliothèque** ?

– Oui, j'**y** vais.

Vous voulez venir **chez moi** ?

– Oui, je veux **y** aller.

ATTENTION !

À l'impératif, devant *y* et *en*, on ajoute un 's' à la deuxième personne des verbes en *-er.*

aller : Va à l'école.   →   Vas-y.
manger : Mange du pain.   →   Manges-en.

• Le pronom neutre *le* reprend un adjectif, un nom ou toute une proposition.

Est-ce qu'elle est **anglaise** ?

– Non, elle ne **l'**est pas.

Sa mère est très **méchante**, mais elle ne **l'**est pas.

Il n'habite pas à Séoul. Vous ne **le** savez pas ?

• **Certains verbes suivis de la préposition** *de*

parler de, avoir envie de, douter de, se souvenir de, s'occuper de, s'inquiéter de, arrêter de, etc.

• **être occupé(e)**

Je suis très occupé en ce moment.

Nous sommes occupés à faire nos devoirs.

Cette table est occupée.

• **près de / loin de**

J'habite près d'ici.

Le restaurant est loin de la fac.

• **comme + nom / pronom**

Elle a répondu comme toi.

Il me parle comme à sa petite amie.

• **comme + nom (sans article)**

Qu'est-ce que vous prenez comme dessert ?

Il m'a choisie comme assistante.

• **avoir / prendre (un) rendez-vous avec quelqu'un**

J'ai rendez-vous avec mon médecin.

Il a pris rendez-vous au café.

• **Expressions quantitatives + nom au pluriel**

J'ai assez de livres.   J'ai beaucoup de livres.

J'ai trop de livres.

Les Français aiment les produits bio !

La consommation de produits bio augmente chaque année. Aujourd'hui, 75% des Français achètent des produits bio. Le consommateur type de produits bio a entre 40 et 60 ans, il est diplômé et il a un bon salaire. Il achète essentiellement des œufs, du lait, des fruits et des légumes bio. Il fait ses courses au supermarché (47%) ou directement chez le producteur (12%). Ses motivations sont la protection de la nature, la qualité des produits et sa santé.

Source : www.agencebio.org

1 **Qu'est-ce qui va ensemble ?**

1) J'aime les chanteurs   a. qui dansent bien.

2) On regarde un film   b. que tu ne connais pas.

3) J'adore les chansons   c. qui est en version originale.

4) J'ai rencontré des amis   d. que j'entends à la radio.

2 **Complétez avec *qui* ou *que*.**

1) C'est le chanteur _____ donne le concert de dimanche.

2) C'est le chanteur _____ nous avons écouté au concert.

3) C'est une photo de la ville _____ je vais visiter cet hiver.

4) C'est le malade _____ nous avons soigné la semaine dernière.

5) C'est le malade _____ vient chercher son médicament.

3 **Répondez avec le pronom *en*.**

1) Tu veux de la crème allégée ?   Oui, je _____

2) Vous avez trois enfants ?   Oui, nous _____

3) Il a acheté du pain ?   Non, il _____

4) Vous voulez un café ?   Non, je _____

5) Elle s'occupe de son enfant ?   Oui, elle _____

4 **Modifiez les phrases avec le pronom *y*.**

1) Je suis monté <u>au premier étage</u>.

2) Elle est rentrée <u>chez elle</u>.

3) Il vit à <u>New York</u>.

4) Ils sont <u>dans la rue</u>.

5 **Répondez négativement aux questions avec le pronom *le*.**

1) Est-ce qu'il est toujours malade ?

2) Est-elle coréenne ?

3) Michel est médecin ?

4) Est-ce que vous êtes encore triste ?

GRAMMAIRE

- Les pronoms relatifs : *dont, où*

- Les verbes impersonnels

- *C'est l'heure de* + inf. (= *Il est temps de* + inf.)

- *Il y a* + nom singulier / nom pluriel

- *Il est / C'est* + adjectif + *de* + inf.

- *Il existe / Il reste* + nom

- Idiome : *Il vaut mieux* + inf.

Le film récent

Michel : Tu as vu le film dont tout le monde parle en ce moment ?

Sophie : Oui, je l'ai vu au CGV où il y a une salle avec des effets spéciaux. Tu ne l'as pas encore vu ? Tu n'aimes pas les films d'horreur ?

Michel : Moi ? Mais non, je ne les aime pas du tout. Ils me font peur ! En plus, dans le quartier où j'habite, il n'y a aucun cinéma.

Sophie : Si tu veux, on peut aller voir un autre film ensemble. J'ai vu la bande-annonce d'un film d'animation. Il a l'air bien ! On y va maintenant ?

Michel : Voyons... Il n'y a plus de places pour aujourd'hui ! Si tu veux, il reste encore des places pour demain matin.

Sophie : Non... Je ne serai pas libre demain matin. Tant pis. Il vaut mieux y aller un autre jour.

Michel : O.K. Ne t'en fais pas. On pourra y aller le voir un autre jour ! Alors, qu'est-ce qu'on fait maintenant ? C'est l'heure de dîner. On va au restaurant ?

Sophie : D'accord. Je connais un bon restaurant italien dont une copine s'occupe. Tu vas l'aimer.

Les pronoms relatifs : *dont*, *où*

forme	fonction
dont	complément d'objet indirect complément de nom ou d'adjectif
où	complément de temps ou de lieu

• dont

(1) C'est un malade.   (2) Je m'occupe de ce malade.

→ (1+2) C'est un malade **dont** je m'occupe.

(3) J'ai acheté un dictionnaire.   (4) Vous avez besoin de ce dictionnaire.

→ (3+4) J'ai acheté un dictionnaire **dont** vous avez besoin.

• où

(5) J'aime beaucoup l'Angleterre.   (6) Ils habitent en Angleterre.

→ (5+6) J'aime beaucoup l'Angleterre **où** ils habitent.

(7) Je me souviens bien de cet hiver.   (8) Il a beaucoup neigé cet hiver.

→ (7+8) Je me souviens bien de cet hiver **où** il a beaucoup neigé.

Les verbes impersonnels

Forme

Il (pronom qui ne représente rien ni personne) + verbe au singulier

• **Pour parler du temps**

a **il y a + partitif**   Il y a de la poussière.

b **il fait + adjectif**   Il fait gris.

• *Falloir*

a **il faut + nom**

Il faut de la patience pour réussir dans la vie.

Il faut un parapluie en juillet.

b **il faut + inf.**

Il faut prendre le métro.

Il faut lui en parler.

• *Il est* **+ heure / adverbe temporel**

Quelle heure est-il ?   Il est une heure et demie.

Il est tard.   Il est tôt.

• *C'est l'heure de* **+ inf. (=** *Il est temps de* **+ inf.)**

C'est l'heure de manger. (= Il est temps de manger.)

C'est l'heure de partir. (= Il est temps de partir.)

- ***Il y a*** **+ nom singulier / nom pluriel**

  Il y a un chat dans ma chambre.

  Il y a beaucoup d'embouteillages aujourd'hui.

- ***Il est / C'est*** **+ adjectif +** *de* **+ inf.**

  Il est difficile de déménager.

  C'est important de se communiquer.

- ***Il existe / Il reste*** **+ nom**

  Il existe des gens qui ne respectent pas la nature.

  Il reste encore du temps pour réfléchir.

- ***Il vaut mieux*** **+ inf.**

  Il vaut mieux rester dans la maison par ce temps-là.

- **en ce moment (= maintenant)**

  Qu'est-ce que tu fais en ce moment ?

  En ce moment c'est la crise économique.

- **déjà (≠ ne ... pas encore)**

  Tu as déjà terminé tes devoirs ?

  – Non, je ne les ai pas encore terminés.

  Avez-vous déjà signé ce contrat ?

  – Non, nous ne l'avons pas encore signé.

- **pas du tout**

  Il ne fait pas du tout chaud aujourd'hui.

  Tu l'aimes ? - Non, pas du tout !

- **Tant pis / Tant mieux**

  J'ai réussi à l'examen.

  – Tant mieux ! Tu vas pouvoir te reposer maintenant.

  Je n'ai pas réussi à l'examen.

  – Tant pis ! Tu vas le passer la prochaine fois.

- **s'en faire**

  Ne vous en faites pas pour moi.

  Tu t'en fais trop pour ce travail.

- **s'occuper de + quelqu'un / quelque chose / inf.**

  Le médecin s'occupe de son patient.

  Occupez-vous de vos affaires.

  Je m'occupe de faire les courses.

- **encore / toujours ↔ ne ... plus**

  Est-ce qu'il t'aime toujours ?

  – Non, il ne m'aime plus.

  Marie est encore en France ?

  – Non, elle n'y est plus.

- **faire peur à + qn**

  Ne faites pas peur aux enfants.

  Le serpent me fait peur.

- **en plus**

  Il fait chaud et en plus il fait un peu humide.

  Je n'ai pas envie de le voir et en plus j'ai autre chose à faire.

Des conseils si vous êtes invité chez des Français

Les Français ont autant de plaisir à parler de nourriture qu'à manger. D'ailleurs, ils font le plus souvent les deux choses en même temps et ça peut durer des heures ! Si vous êtes invité chez des Français, n'hésitez pas à parler de ce que vous êtes en train de manger. Vos hôtes apprécieront cette attention. Il y a certaines règles d'étiquette à suivre. Par exemple, vous ne devez pas servir le vin vous-même ; attendez que l'on vous serve.

le'vin

1 **Complétez avec les pronoms relatifs *dont* ou *où*.**

1) C'est une photo de la ville _____ j'ai habité.

2) C'est une photo de la ville _____ je rêve depuis toujours.

3) C'est le malade _____ le médecin s'occupe.

4) Il fait doux au printemps _____ il y a beaucoup de fleurs.

5) Je pars en été _____ il fait chaud.

2 **Complétez avec les pronoms relatifs *qui, que, dont, où*.**

1) Je rencontre Max _____ la mère est riche.

2) La fille _____ est venue est ma sœur.

3) Je regarde la maison _____ elle est née.

4) Je regarde la maison _____ est vraiment jolie.

5) La mère de Max _____ je rencontre est riche.

3 **Qu'est-ce qui va ensemble ?**

1) À quelle heure part ton train ?

2) Quel temps fait-il aujourd'hui ?

3) Qu'est-ce qu'il y a dans ton sac ?

4) Qu'est-ce que je dois faire ?

5) Quelle heure est-il ?

a. Il y a une clé, des livres et un stylo.

b. Il pleut beaucoup.

c. Il vaut mieux aller voir la police.

d. À deux heures. Il faut aller à la gare tout de suite !

e. Il est midi.

15 LA NUIT BRUYANTE

GRAMMAIRE

- L'imparfait
- La mise en relief : *C'est … qui / C'est … que*
- La concordance des temps
- Le discours indirect

La nuit bruyante

Mme Durand : Bonjour, Madame Lebrun ! Vous avez bien dormi ?

Mme Lebrun : Non, j'ai mal dormi.

Mme Durand : Pourquoi ? Qu'est-ce qui s'est passé ?

Mme Lebrun : Parce qu'il y avait des invités chez mon voisin hier soir. Je n'ai pas pu m'endormir à cause du bruit.

Mme Durand : Ah bon ? Ils ont fait la fête toute la nuit ?

Mme Lebrun : Oui. ils ont écouté de la musique, ont chanté et bu jusqu'à minuit.

Mme Durand : C'est dommage. Il n'y avait que vous à la maison ?

Mme Lebrun : Oui. Heureusement, mon mari et mes enfants n'étaient pas là. Ils sont allés à la campagne. Ils ne rentreront que demain. Ils m'ont dit que je devais y aller avec eux.

Mme Durand : Vous vous êtes plainte du bruit à votre voisin ?

Mme Lebrun : Je n'en ai pas eu besoin. Ce sont eux qui sont venus s'en excuser. Ils m'ont demandé si ce n'était pas embêtant les bruits. Alors, je leur ai répondu que j'avais le sommeil léger.

Mme Durand : Ils étaient polis, quand même. Vous allez pouvoir aller vous coucher maintenant ?

Mme Lebrun : Non, c'est trop tôt pour aller au lit. C'est une tasse de café qu'il me faut maintenant !

L'imparfait

Fonction

a une action passée qui dure

b la répétition ou l'habitude du passé

Forme

le radical de la 1re personne du pluriel du présent + *-ais, -ais, -ait, -ions, -iez, -aient*

parler (parl-)	aimer (aim-)	finir (finiss-)
Je parl**ais**	J'aim**ais**	Je finiss**ais**
Tu parl**ais**	Tu aim**ais**	Tu finiss**ais**
Il/Elle parl**ait**	Il/Elle aim**ait**	Il/Elle finiss**ait**
Nous parl**ions**	Nous aim**ions**	Nous finiss**ions**
Vous parl**iez**	Vous aim**iez**	Vous finiss**iez**
Ils/Elles parl**aient**	Ils/Elles aim**aient**	Ils/Elles finiss**aient**

attendre (attend-)	être (ét-)	avoir (av-)
J'attend**ais**	J'ét**ais**	J'av**ais**
Tu attend**ais**	Tu ét**ais**	Tu av**ais**
Il/Elle attend**ait**	Il/Elle ét**ait**	Il/Elle av**ait**
Nous attend**ions**	Nous ét**ions**	Nous av**ions**
Vous attend**iez**	Vous ét**iez**	Vous av**iez**
Ils/Elles attend**aient**	Ils/Elles ét**aient**	Ils/Elles av**aient**

a Il **faisait** beau hier.

Michel **travaillait** quand Marie a téléphoné.

b On **allait** à l'église tous les dimanches.

Il **fumait** après le petit-déjeuner.

Check !

Il pleut → Il **pleuvait**

Il neige → Il **neigeait**

Il faut → Il **fallait**

La mise en relief

C'est ... qui

Tu as raison.

→ **C'est** toi **qui** as raison.

Je serai en retard.

→ **C'est** moi **qui** serai en retard.

C'est ... que

Je suis née à Séoul.

→ **C'est** à Séoul **que** je suis née.

Il veut sortir avec elle.

→ **C'est** avec elle **qu'**il veut sortir.

ATTENTION !

Transformation des adverbes

aujourd'hui ⟶ ce jour-là / le jour même

hier ⟶ la veille

demain ⟶ le lendemain

maintenant ⟶ à ce moment-là / alors

ce matin ⟶ ce matin-là

il y a une semaine ⟶ une semaine avant

dans deux jours ⟶ deux jours après

Il m'a répondu : "Je suis arrivé **il y a trois jours.**"

⟶ Il m'a répondu qu'il était arrivé **trois jours avant**.

Il m'a demandé : "Est-ce que tu vas rester chez toi **demain** ?"

⟶ Il m'a demandé si j'allais rester chez moi **le lendemain**.

La concordance des temps

Verbe principal	Discours direct →		Discours indirect
Présent, futur	Pas de concordance des temps		
Passé	Présent	→	Imparfait
	Passé		Plus-que-parfait (avoir/être à l'imparfait + p.p.)

Check !

Il m'a dit : "Je **suis** malade."

→ Il m'a dit qu'il **était** malade.

Il m'a répondu : "J'**étais** en France."

→ Il m'a réondu qu'il **avait été** en France.

Elle m'a demandé : "Qui vous **regarde** ?"

→ Elle m'a demandé qui me **regardait**.

Le discours indirect

Discours direct	Introduction du discours indirect
Indicatif	que
Impératif	de + inf.
Interrogative sans pronom	si
Interrogative avec pronom : qui / qu'est-ce qui / qu'est-ce que	qui / ce qui / ce que
Adjectif interrogatif / Pronom interrogatif / Adverbe interrogatif	Garder la même forme

Check !

Il me dit : "Je suis fatigué."

→ Il me dit **qu'**il est fatigué.

Il me dit : "Entrez"

→ Il me dit **d'**entrer.

Elle me demande : "Vous êtes malade ?"

→ Elle me demande **si** je suis malade.

Elle me demande : "Qu'est-ce qu'il y a ?"

→ Elle me demande **ce qu'**il y a.

- **jusqu'à**

  Je continue à travailler jusqu'à demain.

  J'ai dormi jusqu'à midi.

- **à cause de**

  Je suis arrivé(e) en retard à cause des embouteillages.

  Il doit rentrer tôt à cause de ses parents.

- **se plaindre de quelqu'un / quelque chose**

  De quoi te plains-tu ?

  Il se plaint toujours de son travail.

- **Ça vaut la peine de + inf. / Ça ne vaut pas la peine de + inf.**

  (= Ce n'est pas la peine de + inf.)

  Ça vaut la peine d'y aller.

  Ça ne vaut pas la peine de faire la cuisine.

- **s'excuser de quelque chose**

  Je m'excuse. (= Excusez-moi.)

  Il s'excuse de la faute d'orthographe.

- **quand même**

  Le docteur m'a déconseillé le café, mais j'en ai quand même pris un.

  Ce plat n'était pas bon, je l'ai entièrement mangé quand même.

Montmartre : le quartier bohème

Montmartre est un quartier du 18ᵉ arrondissement, situé sur une colline, la butte Montmartre. C'est un ancien village qui est devenu le quartier des artistes. Il est connu pour la basilique du Sacré-Cœur mais aussi pour la place du Tertre, la place des peintres, qui est un des endroits les plus animés du quartier. Des chanteurs comme Georges Brassens ou Édith Piaf et des peintres comme Van Gogh ou Picasso ont vécu à Montmartre. Il y a beaucoup de salles de spectacles comme *La Cigale* ou *La Boule Noire* et de cabarets comme le *Moulin Rouge* ou ceux de la place Pigalle.

1 **Conjuguez les verbes entre parenthèses à l'imparfait.**

> Nous _____ (aller) à la campagne pendant les vacances d'hiver. On _____ (faire) souvent du ski et _____ (monter) une montagne. Il _____ (neiger) beaucoup et nous _____ (avoir) froid. Cependant, ce _____ (être) très beau.

2 **Mettez les verbes au passé composé ou à l'imparfait suivant le contexte.**

1) Hier, il _____ (pleuvoir).

2) Je _____ (aller) à l'église tous les dimanches.

3) Michel et Sophie _____ (arriver) au restaurant à midi.

4) Je _____ (se lever) tard pendant les vacances.

5) On _____ (acheter) les billets d'avion pour la France.

6) Je _____ (avoir) peur quand je _____ (être) seul.

7) Marc _____ (dormir) quand sa mère _____ (rentrer).

8) Mon père _____ (fumer) toujours après son repas.

3 **Mettez les phrases en relief C'est...qui / C'est...que.**

1) Il voulait donner ce cadeau <u>à elle</u>.

2) Il voulait donner <u>ce cadeau</u> à elle.

3) <u>Tu</u> as fait la vaisselle.

4) On se voit <u>chez Michel</u>.

5) Je travaille <u>pour eux</u>.

4 **Remplacez le discours indirect par le discours direct.**

1) Sophie dit qu'elle ne connaît pas cet homme.

2) Il affirme que la police est arrivée en retard.

3) Elle répondra qu'elle reviendra ce dimanche.

4) Michel dit qu'il ne voulait pas travailler il y a un an.

5) On lui demande s'il est venu hier.

5 **Remplacez le discours direct par le discours indirect.**

1) Un jeune homme dit : "Il neige."

2) On me demande : "Quelle heure est-il maintenant ?"

3) Elle m'a dit : "Ma fille est née hier. Elle s'appelle Aurélie."

4) Tu vas répondre : "J'avais raison."

5) Il me dit : "Allons-y !"

6) Le professeur dit aux étudiants : "L'examen aura lieu demain."

7) Il a répondu : "Je t'appelle demain."

8) Ils nous ont dit : "Nous sommes rentrés de la campagne il y a une semaine."

Tableau de
conjugaison

Tableau de conjugaison

Infinitif	Présent	Imparfait	Futur
avoir	j'ai	j'avais	j'aurai
	tu as	tu avais	tu auras
	il a	il avait	il aura
ayant	nous avons	nous avions	nous aurons
	vous avez	vous aviez	vous aurez
eu	ils ont	ils avaient	ils auront
être	je suis	j'étais	je serai
	tu es	tu étais	tu seras
	il est	il était	il sera
étant	nous sommes	nous étions	nous serons
	vous êtes	vous étiez	vous serez
été	ils sont	ils étaient	ils seront
accueillir	j'accueille	j'accueillais	j'accueillerai
	tu accueilles	tu accueillais	tu accueilleras
	il accueille	il accueillait	il accueillera
accueillant	nous accueillons	nous accueillions	nous accueillerons
	vous accueillez	vous accueilliez	vous accueillerez
accueilli	ils accueillent	ils accueillaient	ils accueilleront
acheter	j'achète	j'achetais	j'achèterai
	tu achètes	tu achetais	tu achèteras
	il achète	il achetait	il achètera
achetant	nous achetons	nous achetions	nous achèterons
	vous achetez	vous achetiez	vous achèterez
acheté	ils achètent	ils achetaient	ils achèteront
aimer	j'aime	j'aimais	j'aimerai
	tu aimes	tu aimais	tu aimeras
	il aime	il aimait	il aimera
aimant	nous aimons	nous aimions	nous aimerons
	vous aimez	vous aimiez	vous aimerez
aimé	ils aiment	ils aimaient	ils aimeront
aller	je vais	j'allais	j'irai
	tu vas	tu allais	tu iras
	il va	il allait	il ira
allant	nous allons	nous allions	nous irons
	vous allez	vous alliez	vous irez
allé	ils vont	ils allaient	ils iront
appeler	j'appelle	j'appelais	j'appellerai
	tu appelles	tu appelais	tu appelleras
	il appelle	il appelait	il appellera
appelant	nous appelons	nous appelions	nous appellerons
	vous appelez	vous appeliez	vous appellerez
appelé	ils appellent	ils appelaient	ils appelleront

Impératif	Conditionnel Présent	Subjonctif Présent	Verbes de la même Conjugaison
aie	j' aurais	j' aie	
	tu aurais	tu aies	
	il aurait	il ait	
ayons	nous aurions	nous ayons	
	vous auriez	vous ayez	
ayez	ils auraient	ils aient	
sois	je serais	je sois	
	tu serais	tu sois	
	il serait	il soit	
soyons	nous serions	nous soyons	
	vous seriez	vous soyez	
soyez	ils seraient	ils soient	
accueille	j' accueillerais	j' accueille	
	tu accueillerais	tu accueilles	
	il accueillerait	il accueille	
accueillons	nous accueillerions	nous accueillions	
	vous accueilleriez	vous accueilliez	
accueillez	ils accueilleraient	ils accueillent	
achète	j' achèterais	j' achète	lever
	tu achèterais	tu achètes	mener
	il achèterait	il achète	emmener
achetons	nous achèterions	nous achetions	promener
	vous achèteriez	vous achetiez	amener
achetez	ils achèteraient	ils achètent	
aime	j' aimerais	j' aime	
	tu aimerais	tu aimes	
	il aimerait	il aime	
aimons	nous aimerions	nous aimions	
	vous aimeriez	vous aimiez	
aimez	Ils aimeraient	ils aiment	
va	j' irais	j' aille	
	tu irais	tu ailles	
	il irait	il aille	
allons	nous irions	nous allions	
	vous iriez	vous alliez	
allez	ils iraient	ils aillent	
appelle	j' appellerais	j' appelle	
	tu appellerais	tu appelles	
	il appellerait	il appelle	jeter
appelons	nous appellerions	nous appelions	rappeler
	vous appelleriez	vous appeliez	
appelez	ils appelleraient	ils appellent	

Infinitif	Présent	Imparfait	Futur
asseoir(1) *asseyant* *assis*	j' assieds tu assieds il assied nous asseyons vous asseyez ils asseyent	j' asseyais tu asseyais il asseyait nous asseyions vous asseyiez ils asseyaient	j' assiérai tu assiéras il assiéra nous assiérons vous assiérez ils assiéront
asseoir(2) *ass(e)oyant* *assis*	j' ass(e)ois tu ass(e)ois il ass(e)oit nous ass(e)oyons vous ass(e)oyez ils ass(e)oient	j' ass(e)oyais tu ass(e)oyais il ass(e)oyait nous ass(e)oyions vous ass(e)oyiez ils ass(e)oyaient	j' ass(e)oirai tu ass(e)oiras il ass(e)oira nous ass(e)oirons vous ass(e)oirez ils ass(e)oiront
attendre *attendant* *attendu*	j' attends tu attends il attend nous attendons vous attendez ils attendent	j' attendais tu attendais il attendait nous attendions vous attendiez ils attendaient	j' attendrai tu attendras il attendra nous attendrons vous attendrez ils attendront
battre *battant* *battu*	je bats tu bats il bat nous battons vous battez ils battent	je battais tu battais il battait nous battions vous battiez ils battaient	je battrai tu battras il battra nous battrons vous battrez ils battront
boire *buvant* *bu*	je bois tu bois il boit nous buvons vous buvez ils boivent	je buvais tu buvais il buvait nous buvions vous buviez ils buvaient	je boirai tu boiras il boira nous boirons vous boirez ils boiront
commencer *commençant* *commencé*	je commence tu commences il commence nous commençons vous commencez ils commencent	je commençais tu commençais il commençait nous commencions vous commenciez ils commençaient	je commencerai tu commenceras il commencera nous commencerons vous commencerez ils commenceront
conduire *conduisant* *conduit*	je conduis tu conduis il conduit nous conduisons vous conduisez ils conduisent	je conduisais tu conduisais il conduisait nous conduisions vous conduisiez ils conduisaient	je conduirai tu conduiras il conduira nous conduirons vous conduirez ils conduiront

Impératif	Conditionnel Présent	Subjonctif Présent	Verbes de la même Conjugaison
assieds	j' assiérais	j' asseye	
	tu assiérais	tu asseyes	
	il assiérait	il asseye	
asseyons	nous assiérions	nous asseyions	
	vous assiériez	vous asseyiez	
asseyez	ils assiéraient	ils asseyent	
ass(e)ois	j' ass(e)oirais	j' ass(e)oie	
	tu ass(e)oirais	tu ass(e)oies	
	il ass(e)oirait	il ass(e)oie	
ass(e)oyons	nous ass(e)oirions	nous ass(e)oyions	
	vous ass(e)oiriez	vous ass(e)oyiez	
ass(e)oyez	ils ass(e)oiraient	ils ass(e)oient	
attends	j' attendrais	j' attende	entendre
	tu attendrais	tu attendes	défendre
	il attendrait	il attende	perdre
attendons	nous attendrions	nous attendions	rendre
	vous attendriez	vous attendiez	vendre
attendez	ils attendraient	ils attendent	
bats	je battrais	je batte	
	tu battrais	tu battes	
	il battrait	il batte	combattre
battons	nous battrions	nous battions	
	vous battriez	vous battiez	
battez	ils battraient	ils battent	
bois	je boirais	je boive	
	tu boirais	tu boives	
	il boirait	il boive	
buvons	nous boirions	nous buvions	
	vous boiriez	vous buviez	
buvez	ils boiraient	ils boivent	
commence	je commencerais	je commence	
	tu commencerais	tu commences	
	il commencerait	il commence	placer
commençons	nous commencerions	nous commencions	avancer
	vous commenceriez	vous commenciez	
commencez	ils commenceraient	ils commencent	
conduis	je conduirais	je conduise	
	tu conduirais	tu conduises	
	il conduirait	il conduise	produire
conduisons	nous conduirions	nous conduisions	construire
	vous conduiriez	vous conduisiez	détruire
conduisez	ils conduiraient	ils conduisent	

Tableau de conjugaison

Infinitif	Présent	Imparfait	Futur
connaître *connaissant* *connu*	je connais tu connais il connaît nous connaissons vous connaissez ils connaissent	je connaissais tu connaissais il connaissait nous connaissions vous connaissiez ils connaissaient	je connaîtrai tu connaîtras il connaîtra nous connaîtrons vous connaîtrez ils connaîtront
courir *courant* *couru*	je cours tu cours il court nous courons vous courez ils courent	je courais tu courais il courait nous courions vous couriez ils couraient	je courrai tu courras il courra nous courrons vous courrez ils courront
craindre *craignant* *craint*	je crains tu crains il craint nous craignons vous craignez ils craignent	je craignais tu craignais il craignait nous craignions vous craigniez ils craignaient	je craindrai tu craindras il craindra nous craindrons vous craindrez ils craindront
croire *croyant* *cru*	je crois tu crois il croit nous croyons vous croyez ils croient	je croyais tu croyais il croyait nous croyions vous croyiez ils croyaient	je croirai tu croiras il croira nous croirons vous croirez ils croiront
devoir *devant* *dû, due*	je dois tu dois il doit nous devons vous devez ils doivent	je devais tu devais il devait nous devions vous deviez ils devaient	je devrai tu devras il devra nous devrons vous devrez ils devront
dire *disant* *dit*	je dis tu dis il dit nous disons vous dites ils disent	je disais tu disais il disait nous disions vous disiez ils disaient	je dirai tu diras il dira nous dirons vous direz ils diront
écrire *écrivant* *écrit*	j'écris tu écris il écrit nous écrivons vous écrivez ils écrivent	j'écrivais tu écrivais il écrivait nous écrivions vous écriviez ils écrivaient	j'écrirai tu écriras il écrira nous écrirons vous écrirez ils écriront

Impératif	Conditionnel Présent	Subjonctif Présent	Verbes de la même Conjugaison
connais	je connaîtrais	je connaisse	reconnaître
	tu connaîtrais	tu connaisses	apparaître
	il connaîtrait	il connaisse	disparaître
connaissons	nous connaîtrions	nous connaissions	paraître
	vous connaîtriez	vous connaissiez	
connaissez	ils connaîtraient	ils connaissent	
cours	je courrais	je coure	
	tu courrais	tu coures	accourir
	il courrait	il coure	parcourir
courons	nous courrions	nous courions	secourir
	vous courriez	vous couriez	
courez	ils courraient	ils courent	
crains	je craindrais	je craigne	
	tu craindrais	tu craignes	
	il craindrait	il craigne	atteindre
craignons	nous craindrions	nous craignions	plaindre
	vous craindriez	vous craigniez	
craignez	ils craindraient	ils craignent	
crois	je croirais	je croie	
	tu croirais	tu croies	
	il croirait	il croie	
croyons	nous croirions	nous croyions	
	vous croiriez	vous croyiez	
croyez	ils croiraient	ils croient	
dois	je devrais	je doive	
	tu devrais	tu doives	
	il devrait	il doive	
devons	nous devrions	nous devions	
	vous devriez	vous deviez	
devez	ils devraient	ils doivent	
dis	je dirais	je dise	
	tu dirais	tu dises	
	il dirait	il dise	
disons	nous dirions	nous disions	
	vous diriez	vous disiez	
dites	ils diraient	ils disent	
écris	j' écrirais	j' écrive	
	tu écrirais	tu écrives	
	il écrirait	il écrive	décrire
écrivons	nous écririons	nous écrivions	inscrire
	vous écririez	vous écriviez	
écrivez	ils écriraient	ils écrivent	

Tableau de conjugaison

Infinitif	Présent	Imparfait	Futur
envoyer *envoyant* *envoyé*	j'envoie tu envoies il envoie nous envoyons vous envoyez ils envoient	j'envoyais tu envoyais il envoyait nous envoyions vous envoyiez ils envoyaient	j'enverrai tu enverras il enverra nous enverrons vous enverrez ils enverront
essuyer *essuyant* *essuyé*	j'essuie tu essuies il essuie nous essuyons vous essuyez ils essuient	j'essuyais tu essuyais il essuyait nous essuyions vous essuyiez ils essuyaient	j'essuierai tu essuieras il essuiera nous essuierons vous essuierez ils essuieront
faire *faisant* *fait*	je fais tu fais il fait nous faisons vous faites ils font	je faisais tu faisais il faisait nous faisions vous faisiez ils faisaient	je ferai tu feras il fera nous ferons vous ferez ils feront
falloir —— *fallu*	il faut	il fallait	il faudra
finir *finissant* *fini*	je finis tu finis il finit nous finissons vous finissez ils finissent	je finissais tu finissais il finissait nous finissions vous finissiez ils finissaient	je finirai tu finiras il finira nous finirons vous finirez ils finiront
lire *lisant* *lu*	je lis tu lis il lit nous lisons vous lisez ils lisent	je lisais tu lisais il lisait nous lisions vous lisiez ils lisaient	je lirai tu liras il lira nous lirons vous lirez ils liront
manger *mangeant* *mangé*	je mange tu manges il mange nous mangeons vous mangez ils mangent	je mangeais tu mangeais il mangeait nous mangions vous mangiez ils mangeaient	je mangerai tu mangeras il mangera nous mangerons vous mangerez ils mangeront

Impératif	Conditionnel Présent	Subjonctif Présent	Verbes de la même Conjugaison
envoie	j' enverrais	j' envoie	
	tu enverrais	tu envoies	
	il enverrait	il envoie	
envoyons	nous enverrions	nous envoyions	renvoyer
	vous enverriez	vous envoyiez	
envoyez	ils enverraient	ils envoient	
essuie	j' essuierais	j' essuie	
	tu essuierais	tu essuies	
	il essuierait	il essuie	ennuyer
essuyons	nous essuierions	nous essuyions	employer
	vous essuieriez	vous essuyiez	
essuyez	ils essuieraient	ils essuient	
fais			
	je ferais	je fasse	
	tu ferais	tu fasses	
	il ferait	il fasse	défaire
faisons	nous ferions	nous fassions	satisfaire
	vous feriez	vous fassiez	
faites	ils feraient	ils fassent	
	il faudrait	il faille	
finis			tous les verbes
	je finirais	je finisse	du 2ème groupe
	tu finirais	tu finisses	
	il finirait	il finisse	
finissons	nous finirions	nous finissions	obéir
	vous finiriez	vous finissiez	réussir
finissez	ils finiraient	ils finissent	choisir
lis	je lirais	je lise	
	tu lirais	tu lises	
	il lirait	il lise	élire
lisons	nous lirions	nous lisions	relire
	vous liriez	vous lisiez	
lisez	ils liraient	ils lisent	
mange	je mangerais	je mange	
	tu mangerais	tu manges	
	il mangerait	il mange	nager
mangeons	nous mangerions	nous mangions	voyager
	vous mangeriez	vous mangiez	
mangez	ils mangeraient	ils mangent	

Tableau de conjugaison

Infinitif	Présent	Imparfait	Futur
mettre *mettant* *mis*	je mets tu mets il met nous mettons vous mettez ils mettent	je mettais tu mettais il mettait nous mettions vous mettiez ils mettaient	je mettrai tu mettras il mettra nous mettrons vous mettrez ils mettront
mourir *mourant* *mort*	je meurs tu meurs il meurt nous mourons vous mourez ils meurent	je mourais tu mourais il mourait nous mourions vous mouriez ils mouraient	je mourrai tu mourras il mourra nous mourrons vous mourrez ils mourront
naître *naissant* *né*	je nais tu nais il naît nous naissons vous naissez ils naissent	je naissais tu naissais il naissait nous naissions vous naissiez ils naissaient	je naîtrai tu naîtras il naîtra nous naîtrons vous naîtrez ils naîtront
ouvrir *ouvrant* *ouvert*	j'ouvre tu ouvres il ouvre nous ouvrons vous ouvrez ils ouvrent	j'ouvrais tu ouvrais il ouvrait nous ouvrions vous ouvriez ils ouvraient	j'ouvrirai tu ouvriras il ouvrira nous ouvrirons vous ouvrirez ils ouvriront
payer *payant* *payé*	je pai[y]e tu pai[y]es il pai[y]e nous payons vous payez ils pai[y]ent	je payais tu payais il payait nous payions vous payiez ils payaient	je pai[y]erai tu pai[y]eras il pai[y]era nous pai[y]erons vous pai[y]erez ils pai[y]eront
plaire *plaisant* *plu*	je plais tu plais il plaît nous plaisons vous plaisez ils plaisent	je plaisais tu plaisais il plaisait nous plaisions vous plaisiez ils plaisaient	je plairai tu plairas il plaira nous plairons vous plairez ils plairont
pleuvoir *pleuvant* *plu*	il pleut	il pleuvait	il pleuvra

Impératif	Conditionnel Présent	Subjonctif Présent	Verbes de la même Conjugaison
mets	je mettrais	je mette	admettre
	tu mettrais	tu mettes	permettre
	il mettrait	il mette	promettre
mettons	nous mettrions	nous mettions	remettre
	vous mettriez	vous mettiez	transmettre
mettez	ils mettraient	ils mettent	
meurs	je mourrais	je meure	
	tu mourrais	tu meures	
	il mourrait	il meure	
mourons	nous mourrions	nous mourions	
	vous mourriez	vous mouriez	
mourez	ils mourraient	ils meurent	
nais	je naîtrais	je naisse	
	tu naîtrais	tu naisses	
	il naîtrait	il naisse	
naissons	nous naîtrions	nous naissions	
	vous naîtriez	vous naissiez	
naissez	ils naîtraient	ils naissent	
ouvre	j'ouvrirais	j'ouvre	
	tu ouvrirais	tu ouvres	couvrir
	il ouvrirait	il ouvre	découvrir
ouvrons	nous ouvririons	nous ouvrions	offrir
	vous ouvririez	vous ouvriez	souffrir
ouvrez	ils ouvriraient	ils ouvrent	
pai[y]e	je pai[y]erais	je pai[y]e	
	tu pai[y]erais	tu pai[y]es	
	il pai[y]erait	il pai[y]e	
payons	nous pai[y]erions	nous payions	essayer
	vous pai[y]eriez	vous payiez	
payez	ils pai[y]eraient	ils pai[y]ent	
plais	je plairais	je plaise	
	tu plairais	tu plaises	taire
	il plairait	il plaise	(Présent de la 3ème
plaisons	nous plairions	nous plaisions	personne : il tait)
	vous plairiez	vous plaisiez	
plaisez	ils plairaient	ils plaisent	
	il pleuvrait	il pleuve	

Tableau de conjugaison

Infinitif	Présent	Imparfait	Futur
pouvoir *pouvant* *pu*	je peux tu peux il peut nous pouvons vous pouvez ils peuvent	je pouvais tu pouvais il pouvait nous pouvions vous pouviez ils pouvaient	je pourrai tu pourras il pourra nous pourrons vous pourrez ils pourront
préférer *préférant* *préféré*	je préfère tu préfères il préfère nous préférons vous préférez ils préfèrent	je préférais tu préférais il préférait nous préférions vous préfériez ils préféraient	je préférerai tu préféreras il préférera nous préférerons vous préférerez ils préféreront
prendre *prenant* *pris*	je prends tu prends il prend nous prenons vous prenez ils prennent	je prenais tu prenais il prenait nous prenions vous preniez ils prenaient	je prendrai tu prendras il prendra nous prendrons vous prendrez ils prendront
recevoir *recevant* *reçu*	je reçois tu reçois il reçoit nous recevons vous recevez ils reçoivent	je recevais tu recevais il recevait nous recevions vous receviez ils recevaient	je recevrai tu recevras il recevra nous recevrons vous recevrez ils recevront
rire *riant* *ri*	je ris tu ris il rit nous rions vous riez ils rient	je riais tu riais il riait nous riions vous riiez ils riaient	je rirai tu riras il rira nous rirons vous rirez ils riront
savoir *sachant* *su*	je sais tu sais il sait nous savons vous savez ils savent	je savais tu savais il savait nous savions vous saviez ils savaient	je saurai tu sauras il saura nous saurons vous saurez ils sauront
sentir *sentant* *senti*	je sens tu sens il sent nous sentons vous sentez ils sentent	je sentais tu sentais il sentait nous sentions vous sentiez ils sentaient	je sentirai tu sentiras il sentira nous sentirons vous sentirez ils sentiront

Impératif	Conditionnel Présent	Subjonctif Présent	Verbes de la même Conjugaison
	je pourrais tu pourrais il pourrait nous pourrions vous pourriez ils pourraient	je puisse tu puisses il puisse nous puissions vous puissiez ils puissent	
préfère préférons préférez	je préférerais tu préférerais il préférerait nous préférerions vous préféreriez ils préféreraient	je préfère tu préfères il préfère nous préférions vous préfériez ils préfèrent	espérer inquiéter
prends prenons prenez	je prendrais tu prendrais il prendrait nous prendrions vous prendriez ils prendraient	je prenne tu prennes il prenne nous prenions vous preniez ils prennent	apprendre comprendre reprendre
reçois recevons recevez	je recevrais tu recevrais il recevrait nous recevrions vous recevriez ils recevraient	je reçoive tu reçoives il reçoive nous recevions vous receviez ils reçoivent	apercevoir
ris rions riez	je rirais tu rirais il rirait nous ririons vous ririez ils riraient	je rie tu ries il rie nous riions vous riiez ils rient	sourire
sache sachons sachez	je saurais tu saurais il saurait nous saurions vous sauriez ils sauraient	je sache tu saches il sache nous sachions vous sachiez ils sachent	
sens sentons sentez	je sentirais tu sentirais il sentirait nous sentirions vous sentiriez ils sentiraient	je sente tu sentes il sente nous sentions vous sentiez ils sentent	dormir mentir partir servir sortir

Tableau de conjugaison

Infinitif	Présent	Imparfait	Futur
suivre *suivant* *suivi*	je suis tu suis il suit nous suivons vous suivez ils suivent	je suivais tu suivais il suivait nous suivions vous suiviez ils suivaient	je suivrai tu suivras il suivra nous suivrons vous suivrez ils suivront
tenir *tenant* *tenu*	je tiens tu tiens il tient nous tenons vous tenez ils tiennent	je tenais tu tenais il tenait nous tenions vous teniez ils tenaient	je tiendrai tu tiendras il tiendra nous tiendrons vous tiendrez ils tiendront
valoir *valant* *valu*	je vaux tu vaux il vaut nous valons vous valez ils valent	je valais tu valais il valait nous valions vous valiez ils valaient	je vaudrai tu vaudras il vaudra nous vaudrons vous vaudrez ils vaudront
venir *venant* *venu*	je viens tu viens il vient nous venons vous venez ils viennent	je venais tu venais il venait nous venions vous veniez ils venaient	je viendrai tu viendras il viendra nous viendrons vous viendrez ils viendront
vivre *vivant* *vécu*	je vis tu vis il vit nous vivons vous vivez ils vivent	je vivais tu vivais il vivait nous vivions vous viviez ils vivaient	je vivrai tu vivras il vivra nous vivrons vous vivrez ils vivront
voir *voyant* *vu*	je vois tu vois il voit nous voyons vous voyez ils voient	je voyais tu voyais il voyait nous voyions vous voyiez ils voyaient	je verrai tu verras il verra nous verrons vous verrez ils verront
vouloir *voulant* *voulu*	je veux tu veux il veut nous voulons vous voulez ils veulent	je voulais tu voulais il voulait nous voulions vous vouliez ils voulaient	je voudrai tu voudras il voudra nous voudrons vous voudrez ils voudront

Impératif	Conditionnel Présent	Subjonctif Présent	Verbes de la même Conjugaison
suis	je suivrais	je suive	
	tu suivrais	tu suives	
	il suivrait	il suive	
suivons	nous suivrions	nous suivions	poursuivre
	vous suivriez	vous suiviez	
suivez	ils suivraient	ils suivent	
tiens	je tiendrais	je tienne	
	tu tiendrais	tu tiennes	devenir
	il tiendrait	il tienne	revenir
tenons	nous tiendrions	nous tenions	venir
	vous tiendriez	vous teniez	obtenir
tenez	ils tiendraient	ils tiennent	appartenir
vaux	je vaudrais	je vaille	
	tu vaudrais	tu vailles	
	il vaudrait	il vaille	
valons	nous vaudrions	nous valions	
	vous vaudriez	vous valiez	
valez	ils vaudraient	ils vaillent	
viens	je viendrais	je vienne	
	tu viendrais	tu viennes	devenir
	il viendrait	il vienne	revenir
venons	nous viendrions	nous venions	tenir
	vous viendriez	vous veniez	obtenir
venez	ils viendraient	ils viennent	appartenir
vis	je vivrais	je vive	
	tu vivrais	tu vives	
	il vivrait	il vive	
vivons	nous vivrions	nous vivions	survivre
	vous vivriez	vous viviez	
vivez	ils vivraient	ils vivent	
vois	je verrais	je voie	
	tu verrais	tu voies	
	il verrait	il voie	
voyons	nous verrions	nous voyions	revoir
	vous verriez	vous voyiez	
voyez	ils verraient	ils voient	
veuille	je voudrais	je veuille	
	tu voudrais	tu veuilles	
	il voudrait	il veuille	
veuillons	nous voudrions	nous voulions	
	vous voudriez	vous vouliez	
veuillez	ils voudraient	ils veuillent	

Mémo

Mémo

ESCARGOT

SUH Duck-Yull
RO Hee-Jin

CAHIER D'EXERCICES

dongyangbooks

ESCARGOT

CAHIER D'EXERCICES

dongyangbooks

aller				
Je vais				
Tu vas				
Il/Elle va				
Nous allons				
Vous allez				
Ils/Elles vont				

parler				
Je parle				
Tu parles				
Il/Elle parle				
Nous parlons				
Vous parlez				
Ils/Elles parlent				

être

Je suis				
Tu es				
Il/Elle est				
Nous sommes				
Vous êtes				
Ils/Elles sont				

faire

Je fais				
Tu fais				
Il/Elle fait				
Nous faisons				
Vous faites				
Ils/Elles font				

rester

Je reste				
Tu restes				
Il/Elle reste				
Nous restons				
Vous restez				
Ils/Elles restent				

étudier

J'étudie				
Tu étudies				
Il/Elle étudie				
Nous étudions				
Vous étudiez				
Ils/Elles étudient				

aimer

J'aime

Tu aimes

Il/Elle aime

Nous aimons

Vous aimez

Ils/Elles aiment

adorer

prendre

Je prends

Tu prends

Il/Elle prend

Nous prenons

Vous prenez

Ils/Elles prennent

mettre

Je mets

Tu mets

Il/Elle met

Nous mettons

Vous mettez

Ils/Elles mettent

écouter

avoir

J'ai

Tu as

Il/Elle a

Nous avons

Vous avez

Ils/Elles ont

chanter

vouloir

Je veux

Tu veux

Il/Elle veut

Nous voulons

Vous voulez

Ils/Elles veulent

dîner

frapper

manger

Je mange

Tu manges

Il/Elle mange

Nous mangeons

Vous mangez

Ils/Elles mangent

boire

Je bois

Tu bois

Il/Elle boit

Nous buvons

Vous buvez

Ils/Elles boivent

jouer

habiter

J'habite

Tu habites

Il/Elle habite

Nous habitons

Vous habitez

Ils/Elles habitent

chercher

raconter

préparer

Leçon 5

s'appeler

Je m'appelle

Tu t'appelles

Il/Elle s'appelle

Nous nous appelons

Vous vous appelez

Ils/Elles s'appellent

quitter

attendre

J'attends

Tu attends

Il/Elle attend

Nous attendons

Vous attendez

Ils/Elles attendent

commencer

Je commence

Tu commences

Il/Elle commence

Nous commençons

Vous commencez

Ils/Elles commencent

finir

Je finis

Tu finis

Il/Elle finit

Nous finissons

Vous finissez

Ils/Elles finissent

ouvrir

J'ouvre

Tu ouvres

Il/Elle ouvre

Nous ouvrons

Vous ouvrez

Ils/Elles ouvrent

neiger

Il neige

pleuvoir

Il pleut

partir

Je pars

Tu pars

Il/Elle part

Nous partons

Vous partez

Ils/Elles partent

Leçon 7

comprendre

Je comprends

Tu comprends

Il/Elle comprend

Nous comprenons

Vous comprenez

Ils/Elles comprennent

plaire

Je plais

Tu plais

Il/Elle plaît

Nous plaisons

Vous plaisez

Ils/Elles plaisent

se lever

Je me lève

Tu te lèves

Il/Elle se lève

Nous nous levons

Vous vous levez

Ils/Elles se lèvent

se laver

Je me lave

Tu te laves

Il/Elle se lave

Nous nous lavons

Vous vous lavez

Ils/Elles se lavent

se regarder

se raser

se brosser

se peigner

s'habiller

s'en aller

Je m'en vais			
Tu t'en vas			
Il/Elle s'en va			
Nous nous en allons			
Vous vous en allez			
Ils/Elles s'en vont			

se promener

Je me promène

Tu te promènes

Il/Elle se promène

Nous nous promenons

Vous vous promenez

Ils/Elles se promènent

s'aimer

Nous nous aimons

Vous vous aimez

Ils/Elles s'aiment

acheter				
J'achète				
Tu achètes				
Il/Elle achète				
Nous achetons				
Vous achetez				
Ils/Elles achètent				

regarder

penser

se voir

Nous nous voyons

Vous vous voyez

Ils/Elles se voient

se coucher				

laver

ranger

venir

Je viens			
Tu viens			
Il/Elle vient			
Nous venons			
Vous venez			
Ils/Elles viennent			

nettoyer

Je nettoie			
Tu nettoies			
Il/Elle nettoie			
Nous nettoyons			
Vous nettoyez			
Ils/Elles nettoient			

voir				
Je vois				
Tu vois				
Il/Elle voit				
Nous voyons				
Vous voyez				
Ils/Elles voient				

rentrer				

dîner

dîner				
Je dîne				
Tu dînes				
Il/Elle dîne				
Nous dînons				
Vous dînez				
Ils/Elles dînent				

sortir				
Je sors				
Tu sors				
Il/Elle sort				
Nous sortons				
Vous sortez				
Ils/Elles sortent				

Leçon 9

lire				
Je lis				
Tu lis				
Il/Elle lit				
Nous lisons				
Vous lisez				
Ils/Elles lisent				

souhaiter				

32

passer

désirer

Leçon 10

s'amuser

se baigner

34

se bronzer

visiter

travailler

dormir

Je dors			
Tu dors			
Il/Elle dort			
Nous dormons			
Vous dormez			
Ils/Elles dorment			

falloir

Il faut

se reposer

arriver

monter

tomber

descendre

Je descends

Tu descends

Il/Elle descend

Nous descendons

Vous descendez

Ils/Elles descendent

écrire

J'écris

Tu écris

Il/Elle écrit

Nous écrivons

Vous écrivez

Ils/Elles écrivent

s'écrire

Nous nous écrivons

Vous vous écrivez

Ils/Elles s'écrivent

choisir

Je choisis

Tu choisis

Il/Elle choisit

Nous choisissons

Vous choisissez

Ils/Elles choisissent

devoir				
Je dois				
Tu dois				
Il/Elle doit				
Nous devons				
Vous devez				
Ils/Elles doivent				

pouvoir				
Je peux				
Tu peux				
Il/Elle peut				
Nous pouvons				
Vous pouvez				
Ils/Elles peuvent				

Leçon 10

savoir

Je sais			
Tu sais			
Il/Elle sait			
Nous savons			
Vous savez			
Ils/Elles savent			

entendre

J'entends			
Tu entends			
Il/Elle entend			
Nous entendons			
Vous entendez			
Ils/Elles entendent			

terminer

envoyer

J'envoie

Tu envoies

Il/Elle envoie

Nous envoyons

Vous envoyez

Ils/Elles envoient

vendre

Je vends				
Tu vends				
Il/Elle vend				
Nous vendons				
Vous vendez				
Ils/Elles vendent				

grossir

Je grossis				
Tu grossis				
Il/Elle grossit				
Nous grossissons				
Vous grossissez				
Ils/Elles grossissent				

se maquiller

se coucher

45

se maquiller

se coucher

téléphoner

voyager

Je voyage

Tu voyages

Il/Elle voyage

Nous voyageons

Vous voyagez

Ils/Elles voyagent

réserver

se retrouver

connaître

Je connais

Tu connais

Il/Elle connaît

Nous connaissons

Vous connaissez

Ils/Elles connaissent

rencontrer

demander

bavarder

apprendre

J'apprends

Tu apprends

Il/Elle apprend

Nous apprenons

Vous apprenez

Ils/Elles apprennent

se souvenir

Je me souviens

Tu te souviens

Il/Elle se souvient

Nous nous souvenons

Vous vous souvenez

Ils/Elles se souviennent

dire

Je dis

Tu dis

Il/Elle dit

Nous disons

Vous dites

Ils/Elles disent

revenir

Je reviens

Tu reviens

Il/Elle revient

Nous revenons

Vous revenez

Ils/Elles reviennent

remercier

apporter

aider

donner

offrir

J'offre

Tu offres

Il/Elle offre

Nous offrons

Vous offrez

Ils/Elles offrent

montrer

enseigner

prêter

souhaiter

douter

suffir

Je suffis

Tu suffis

Il/Elle suffit

Nous suffisons

Vous suffisez

Ils/Elles suffisent

valoir

Je vaux

Tu vaux

Il/Elle vaut

Nous valons

Vous valez

Ils/Elles valent

espérer

J'espère

Tu espères

Il/Elle espère

Nous espérons

Vous espérez

Ils/Elles espèrent

vivre

Je vis

Tu vis

Il/Elle vit

Nous vivons

Vous vivez

Ils/Elles vivent

gagner

entraîner

réussir

Je réussis

Tu réussis

Il/Elle réussit

Nous réussissons

Vous réussissez

Ils/Elles réussissent

oublier

paraître

Je parais

Tu parais

Il/Elle paraît

Nous paraissons

Vous paraissez

Ils/Elles paraissent

s'occuper

s'inquiéter

Je m'inquiète

Tu t'inquiètes

Il/Elle s'inquiète

Nous nous inquiétons

Vous vous inquiétez

Ils/Elles s'inquiètent

arrêter

répondre

Je réponds

Tu réponds

Il/Elle répond

Nous répondons

Vous répondez

Ils/Elles répondent

soigner

exister

signer

rêver

s'endormir

Je m'endors

Tu t'endors

Il/Elle s'endort

Nous nous endormons

Vous vous endormez

Ils/Elles s'endorment

continuer

affirmer

déconseiller

se plaindre

Je me plains

Tu te plains

Il/Elle se plaint

Nous nous plaignons

Vous vous plaignez

Ils/Elles se plaignent

s'excuser

fumer

naître

Je nais

Tu nais

Il/Elle naît

Nous naissons

Vous naissez

Ils/Elles naissent

Mémo